O HOMEM QUE DEU À LUZ

LUC BOUVERET

O HOMEM QUE DEU À LUZ
A LUTA DE UM PAI PARA GERAR (E CURAR) SEU FILHO

1ª EDIÇÃO 2016

Bella
Editora

Ficha Catalográfica

© 2016 Luc Bouveret
Título: O homem que deu à luz – A luta de um pai para gerar (e curar) seu filho
Autor: Luc Bouveret
Editores: Ana Landi, Armando Antenore e Tatiana Bandeira
Editora executiva, reportagens e texto final: Sibelle Pedral
Preparação e revisão de texto: João Hélio de Moraes
Capa e projeto gráfico: Carolina Fernandes
Foto da capa: Beatriz Riccó
Foto da contracapa: Claudia Pompeu
Fotos do miolo: Claudia Pompeu (página 17) e arquivo pessoal do autor

---

CIP Brasil. Catalogação na fonte
  Bouveret, Luc
      O homem que deu à luz / Luc Bouveret –
  1ª. ed. – São Paulo : Bella Editora, 2016
        ISBN 978-85-64431-23-2
  1. Histórias de Vida. 2. Biografia. 3. Autobiografia. 4. Bouveret. Luc. I. Título.
                                                            CDD – 920.71

Índice para Catálogo Sistemático
1. Homens : Biografias   920.71

Todos os direitos reservados à Bella Editora.
Rua Itapeva, 26, cj. 104, 109 e 110
CEP 01332-000 – São Paulo – SP
Telefones: (11) 2667-2405 e (11) 2667-2372
www.bellaeditora.com.br

SUMÁRIO

Agradecimentos 11

Prefácio 13

Nada será como antes 17

Paris, 1999 36

Phoenix, Arizona, 2002 40

São Paulo, 2015 46

Paris, 2003 49

São Paulo, abril de 2015 56

Nova York, 2003 65

San Diego, 2004 69

São Paulo, 2015 73

San Diego, 2004 81

São Paulo, janeiro de 2016 116

San Diego, julho de 2004 121

São Paulo, junho de 2015 123

San Diego, julho de 2004 131

Paris, 10 de julho de 2004 137

Dijon, julho de 2004 140

São Paulo, junho de 2015 146

Provence, França, julho de 2004 150

Paris, novembro de 2004 158

Paris, maio de 2005 175

Paris, 20 de janeiro de 2007 179

São Paulo, maio de 2015 187

Paris, abril de 2007 192

São Paulo, agosto de 2008 195

São Paulo, junho de 2015 202

São Paulo, dia do transplante 226

Epílogo 242

Posfácio 257

Palavras finais 259

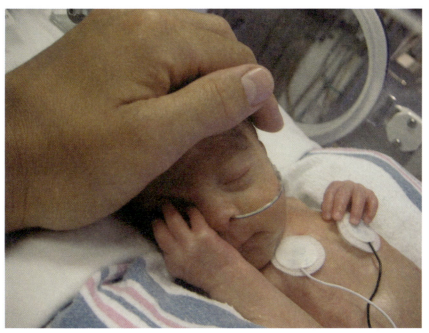
San Diego, 2004: o início de uma luta pela vida

São Paulo, agosto de 2015: uma semana após o transplante

Agradecimentos

Obrigado, Tancrède, de todo meu coração e de toda
minha alma, por seus ensinamentos e por sua vida.

Obrigado a todas as crianças.
Vocês são os nossos mestres, vocês são nossas asas.

Obrigado a todos os seres que procuram sua sombra para a
luz aparecer e superam seus medos para um dia renascer.

Obrigado ao Criador e ao universo
que iluminam minha existência.

Redescobri o coração e, depois, o ar.
Me lembrei da vida eterna e do infinito.
Me lembrei de respirar e me lembrei de amar.

Prefácio

Luc é meu amigo há muito tempo. Eu o conheci quando era um jovem parisiense *à la mode* cercado de pessoas bonitas e objetos preciosos. Festejado, admirado, Luc era o rei de um círculo de privilegiados que brilhavam ao lado de Jacques, um artista internacionalmente renomado.

Pela sua delicadeza e sensibilidade, ele teve a vontade de superar as convenções sociais criando seu próprio núcleo, com seu filho – e com isso ganhou meu coração.

Sua vontade de tornar-se inteiramente responsável por um ser e de sair da crisálida do homem bem-sucedido e mimado gerou nele um desejo irresistível de dar à luz um filho para ser um protetor, um guia, um pai no sentido mais generoso da palavra.

Esse sonho, Luc alcançou não graças a uma varinha mágica, mas por uma vontade indestrutível, uma doação total de si mesmo, um poder infinito para amar.

Tancrède, meu afilhado, nasceu prematuro em San Diego, nos Estados Unidos. Luc me visitou em Paris assim que voltou para a França e, com seu filho nos braços, irradiava felicidade!

O nascimento de Tancrède, e também o encontro com David, o ajudaram na ruptura com a sua antiga forma de viver. David, um ser tão especial quanto Luc, uma alma gêmea, um irmão, um parceiro de vida.

Doravante, a existência de Luc é outra, um renascimento.

Depois da mudança para o Brasil com sua nova família, iniciou a busca de sua própria luz. Longe do glamour ilusório da sua antiga vida em Paris, o novo caminho libertou os preciosos talentos que estavam adormecidos dentro dele. Os tesouros lhe ofereceram a paz, a beleza, a autenticidade, a serenidade. E ele os compartilha porque entendeu que a própria felicidade depende da felicidade coletiva. Cada olhar, cada palavra é importante para ele. Somos todos unidos, dependentes uns dos outros. Luc transborda de amor, de empatia e de generosidade mesmo nos momentos mais desafiadores e cruelmente sofridos da sua vida. Tudo é interconectado. Plenitude e desespero, luz e sombra não são as duas faces da mesma realidade?

Luc é uma grande alma, por quem eu tenho um amor e um respeito infinitos.

Procurou o amor e o achou, procurou a paz e a ganhou – para ele e para todos ao seu redor.

Escutem a sua história, é bonita e profunda. Ela foi difícil, hoje mais do que nunca pela doença de Tancrède, a leucemia.

Mas... será que o amor não tem sempre a última palavra?

Catherine Hermary Vieille
Romancista e biógrafa francesa

São Paulo, fevereiro de 2015

NADA SERÁ COMO ANTES

Minha vida parecia totalmente equilibrada no momento em que a doença de Tancrède chegou. Eu vivia muito feliz com David, meu companheiro, já fazia oito anos. Tancrède parecia feliz também. Elzear, nosso segundo filho, crescia lindamente. Tínhamos prosperidade.

Eu havia comprado uma casa grande em São Paulo, cheia de luz, com um lindo jardim e vista para o horizonte. Era espaçosa o suficiente para acolher Jéssica, filha de uma amiga baiana e uma filha para nós, que tinha vindo morar conosco e agregou alegria à nossa vida. Eu vinha me firmando como terapeuta, meu consultório vivia cheio e eu tinha criado nosso Centro de Evolução do Ser, o New Ways, um espaço de transformação pessoal por meio de cursos, workshops e terapias holísticas. Tinha feito as pazes com meus pais e minhas irmãs; minha homossexualidade e a família que havia constituído

Bons momentos: Luc, Elzear, Tancrède e David

continuavam sendo um assunto delicado entre nós. Mas, dentro de mim, eu havia entendido e perdoado todos eles, a ponto de admirar cada um, especialmente meu pai.

Tudo parecia equilibrado... Até aquela semana de fevereiro.

Tancrède fizera uma viagem de três dias com a escola e voltara triste. Quando perguntamos como tinha sido o passeio, ele se abriu: tinha sido ruim. Nosso filho nos disse que as outras crianças o haviam atormentado, dizendo que ele se masturbava. Não era verdade, disse ele, e acreditamos, pois, às vésperas de completar 11 anos, Tancrède era ainda uma criança, sem sinais de puberdade. Provavelmente, tivera dificuldade em entender o que significava "masturbação". Mais do que triste, porém, Tancrède voltara doente: tossia muito, tinha dificuldade para respirar e estava febril. Preocupados, David e eu o levamos ao pediatra que o atendia desde que chegamos ao Brasil. Nenhum remédio, porém, conseguiu consertar a tosse, e à respiração difícil somou-se uma forte dor de garganta. Tancrède não era de reclamar, mas naqueles dias estava se queixando muito. Decidimos, então, levá-lo ao Hospital Albert Einstein, que ficava perto de nossa casa e tinha reputação de ser excelente. Foi a decisão correta porque, em questão de horas, Tancrède foi piorando depressa. Chegando lá, mal conseguia caminhar, e o enfermeiro trouxe logo uma cadeira de rodas. O diagnóstico: uma pneumonia que requeria internação de urgência.

David cuidou de tudo. Para mim, sempre foi difícil quando Tancrède se machucava ou adoecia. A cada vez, a lembrança do seu nascimento vinha rodear meus pensamentos. Logo que ele nasceu, prematuro, frágil, passei 12 meses sozinho com meu bebê sem saber se ele sobreviveria ou não. Naquela época, os médicos haviam me avisado que a respiração dele poderia parar a qualquer momento. Naquela tarde de 2015, no Einstein, eu não imaginava que seria algo tão grave, mas não conseguia controlar o reflexo de medo que tomava conta de mim; fugia para não entrar na frequência de alerta que eu conhecia tão bem – esse estado de pânico no qual você acaba paralisado pela dor do seu filho, e também pela própria dor. Fui abençoado pelo dom de vislumbrar o futuro, ou partes dele, o meu e o dos outros; no entanto, naquele momento não enxerguei nada.

Durante 15 dias, Tancrède tomou antibióticos potentes para conter a infecção. Finalmente, a pneumonia cedeu; porém, os exames revelavam que nosso filho tinha uma inexplicável anemia. "Eu não entendo", dizia o pediatra, perplexo, balançando a cabeça. "Vamos fazer mais exames." E vieram mais testes, sem que o médico fechasse um diagnóstico. A essa altura, outros profissionais de saúde se aproximaram de nós, tentando entender o que se passava com nosso filho. Então veio a consulta em que, pela primeira vez, a palavra "leucemia" caiu nos meus ouvidos. "Todos os sintomas parecem indicar leucemia", disse um dos médicos que tratava dele para, logo em seguida, emendar: "Mas não é".

David se tranquilizou com a negativa categórica. Quanto a mim, foi exatamente naquele momento que soube: Tancrède tinha leucemia. Os batimentos do meu coração soavam ao ritmo de "grave": algo muito grave estava acontecendo. Senti que Tancrède estava em perigo, gravemente em perigo. Mas eu não podia contar a ninguém. Como falar a todos que nosso filho apresentava uma doença grave quando nem os médicos tinham descoberto o que era? Ninguém teria entendido como um pai podia fazer um diagnóstico tão pessimista sem provas, apenas escutando os batimentos do próprio coração. Mas eu sabia, e de repente fiquei murado no meu silêncio, na minha solidão, de frente para o incompreensível.

Os dias seguintes foram de pânico e incerteza.

Perdi a conta de quantos exames Tancrède fez. Mesmo com tantos resultados, os médicos tinham dificuldade em definir a doença. O tempo todo a palavra leucemia pairava no ar, mas havia sintomas e indicadores muito peculiares, que destoavam daquele quadro. Ninguém sabia ao certo o que Tancrède tinha. Apenas eu sabia, dentro do meu coração. Que eu tinha parado de ouvir, ao menos naquele momento, porque ouvi-lo havia se tornado insuportavelmente doloroso.

PIOR QUE OS PIORES PENSAMENTOS
No Hospital Albert Einstein, Tancrède ocupava um quarto bege e cinza, com janelas enormes que ofereciam generosamente uma vista panorâmica para o casario bem cuidado ao pé do hospital. Parecia uma cidadezinha do interior, com casas espalhadas entre árvores exóticas. Tudo me parecia familiar ali, e a vegetação me lembrava do prazer de viver nesta terra que eu tinha escolhido. O Brasil é o meu país, mesmo tendo nascido em Dijon, cidade francesa de 150 mil habitantes, e agora vivesse em uma metrópole, no meio de 20 milhões de seres vivos. Naquele momento, Dijon estava tão longe. Aprisionado com meu filho entre as quatro paredes bege e cinza, perdido na selva dos meus pensamentos, eu focalizava cada árvore, a arquitetura das casas, as raras pessoas que passeavam pelas calçadas; me sentia como se estivesse diante de um cenário de teatro, eu, espectador – porém daquela vez o show estava sem graça.

E de repente minha atenção era de novo capturada pela tosse de Tancrède e pela realidade. Era grave, eu sabia, mas é como se o tempo tivesse parado. Não conseguia pensar nem enxergar o presente, porque ele ainda não correspondia à realidade que meu coração me anunciara; tampouco conseguia enxergar o futuro, mesmo porque sabia que, naquele momento, não havia futuro. Uma das minhas estratégias para me manter lúcido era observar a dança dos enfermeiros, tentando fazê-los falar de suas vidas e acolhendo cada um deles como irmão. No entanto, o que eu queria era acolher Tancrède em meus braços e dizer que tudo estava bem, "Vamos cuidar de você, meu filho". Só que eu não podia; apenas podia manter a leveza, tanto quanto possível, para não assustá-lo. Pedia a Deus para nunca ter tido o dom da vidência, porque realmente estava assustado. Sentia que algo além do que eu imaginava estava para acontecer.

Assim os dias se passaram, eu alternando estados de alma. Em dado momento, era observador passivo da deterioração silenciosa da saúde do meu filho; em outro, um terror desconhecido assaltava meu coração. Cada dia, o hemograma de Tancrède parecia mais louco do que na véspera. Paradoxalmente, ele parecia bem, e o único sintoma de que se queixava era cansaço. No entanto, eu tinha a impressão de que estava assistindo ao fim do meu filho. Ele estava indo embora sem que eu pudesse fazer nada. Tampouco os médicos que o atendiam podiam. Estávamos paralisados à espera de um especialista que pudesse nos dizer o que meu filho tinha.

Finalmente, os médicos nos disseram que haviam chegado a um diagnóstico. A notícia, bem como as condutas médicas que adotaríamos a partir de então, nos seria comunicada por uma especialista, professora e pesquisadora do Hospital das Clínicas, ligado à Faculdade de Medicina da Universidade de São Paulo. Essa instituição de ensino goza de ótima reputação no país, e havia algo de reconfortante em finalmente saber o que estava acontecendo com nosso filho. Esperei.

A ESPERA

Um dia inteiro se passou, e nada de a especialista vir nos visitar. Liguei três vezes para os médicos que estavam acompanhando o caso no Einstein, e nada. No segundo dia sem notícias da pesquisadora, eu estava em pânico. Aquela mulher podia dar uma resposta, e dela dependia o tratamento que poderia salvar a vida do meu filho. Por que ela não vinha?

Foi o primeiro choque de todo o processo da doença de Tancrède. Sou de uma família de médicos; minha infância foi semeada de ligações de pacientes para meu pai. Quantas vezes ele precisara deixar o jantar familiar para socorrer alguém! Nós, seus filhos, não o víamos muito, mas ele sempre se fazia presente para, usando seu vocabulário, atender "seus doentes". Me lembro de que, sempre que eu estava com febre, meu pai dizia: "Não é nada!" Ele não sabia cuidar de nós. Mas seus pacientes, que às vezes eu encontrava pelas ruas de Dijon, elogiavam meu pai como se fosse um deus. Eu tinha a impressão de não o conhecer realmente: era como se eles falassem de outra pessoa. Para nós, meu pai era alguém que voltava quando já estávamos dormindo, saía quando ainda não havíamos acordado e passava o resto do tempo preocupado demais com seus pacientes para cuidar de nós, seus cinco filhos.

Então, eu não conseguia entender aquela mulher que negligenciava a vida do meu filho. Estava revoltado. Até o presidente do hospital onde Tancrède permanecia internado foi alertado, apesar de estar no exterior.

Desesperado, contando as horas e assombrado pelo medo de que meu filho pudesse morrer, perdi a paciência.

No fim da semana, lancei uma mensagem no WhatsApp para todas as pessoas que conhecia pedindo ajuda. Era a única coisa que podia fazer. Divulguei o nome dessa médica e recebi uma centena de respostas com o celular dela, seu endereço e numerosos detalhes da sua vida pessoal. Até o celular do zelador do prédio dela me enviaram. Era como um milagre. Duas horas depois, certamente alertada por tantos conhecidos comuns, ela enfim me ligou.

"Mas onde você estava?", perguntei. "Faz dois dias que estamos procurando você em todo lugar. Meu filho está muito mal e sei que você já foi avisada. Por favor, venha examiná-lo, a vida dele depende de você."

Eu não conseguia entender como um médico que poderia salvar a vida de meu filho tocava sua rotina despreocupadamente enquanto ele estava indo embora. A partir daquele momento, percebi que a vida de Tancrède estava suspensa por um fio e comecei a compreender que eu precisava estar atento a tudo para que esse fio não se rompesse. De alguma forma, eu sabia também que, se ele caísse, eu cairia com ele. Dali em diante, tomei a decisão firme e irrevogável de fazer marcação cerrada sobre todos os profissionais que cuidavam dele, de perto ou de longe. Eu me tornei um guerreiro, e em breve meu filho se mostraria um guerreiro também.

A GUILHOTINA
Enfim, ela veio.

Logo que cheguei ao hospital, em uma manhã amena de março, soube que a médica especialista estava examinando Tancrède. Atravessei o corredor comprido e frio da Pediatria e cheguei à porta do quarto do meu filho. Antes mesmo que tocasse a maçaneta, a porta se abriu. Diante de mim estava uma mulher com cerca de 50 anos, bastante bonita, elegante e bem-vestida – ainda que com a discrição característica de sua profissão. Expressava-se numa linguagem precisa e eficiente, sem floreios. Desculpou-se explicando que estivera em um congresso, mas percebi nela certo constrangimento – e meu instinto nunca me trai. Imaginei que tivesse sido advertida por alguma chefia. Justificou-se, mas não me convenceu. Entre indignado e aterrorizado, esperei, então, que a guilhotina caísse sobre minha nuca.

E caiu.

Meu coração já sabia que Tancrède tinha leucemia, mas ouvir a notícia oficial daquela senhora, que se fazia acompanhar de dois médicos já conhecidos, era bem diferente. No fundo, sempre alimentei uma esperança secreta de estar errado, mas naquele instante essa esperança foi-se embora. Parecia que meu coração se dissolvia em uma poça de sangue. Eu mal conseguia respirar. Era como se estivesse fora do corpo, observador distante daquela cena na qual, porém, eu era protagonista. A raiva que sentia sumiu enquanto olhava para aquelas três figuras. Eram magos? Eram anjos? Esperei que me dessem esperança, qualquer esperança. Que me dissessem: "Ele vai sobreviver, nós vamos salvá-lo" – e, então, que me tomassem no colo e me embalassem como a um bebê. O adulto indignado que eu fora minutos antes era agora apenas esse bebê que precisava de ajuda. A poça de sangue do meu coração já havia se espalhado pelo corpo inteiro e eu me sentia a ponto de desmaiar, invadido pela energia do desespero. Ainda assim, consegui formular uma única pergunta, a mais importante: "Ele vai sair daqui vivo?"

Ninguém conseguiu responder.

"Tancrède tem mielodisplasia", prosseguiu a médica depois de um momento. De modo neutro, ela nos explicou que se tratava de uma doença da medula óssea, a nossa "fábrica do sangue", que se mostrava incapaz de produzir células maduras em quantidade suficiente. Havia, ainda, o risco de a doença evoluir para leucemia. Eu ouvia atentamente, sem captar o significado das palavras – apenas percebia o trágico por trás delas. Repeti: "Meu filho vai sair vivo?" De novo, ninguém respondeu. Os três se perdiam em palavras inúteis e incompreensíveis para eu me perder também, para (ainda) não me dizerem a verdade. Eles sabiam que eu não estava pronto. Eu os amei porque me entenderam, mas também os odiei pelo que tinham a me dizer. Naquele dia, a Terra parou de girar de repente. Naquele dia, naquele instante preciso, eu morri um pouco.

Indiferente ao meu terremoto interior, a especialista prosseguiu na explicação: era uma doença tão rara em crianças que pouco se sabia sobre a melhor forma de tratá-la – a literatura médica descrevia alguns poucos casos. Disse também que, se evoluísse para uma forma aguda da doença, o quadro ficaria ainda mais delicado. Qualquer que fosse o caso, era preciso achar rapidamente um doador de medula óssea. Sem isso, Tancrède morreria.

Quem está pronto para ouvir que seu filho vai morrer?

SOBRE APRENDER A NÃO CHORAR

De repente, o mundo desapareceu para mim. Fazia um esforço sobre-humano para não desabar diante dos meus filhos e de David, mas, longe deles, chorava dia e noite.

Eu olhava Tancrède sabendo que, dentro de algumas semanas, talvez, não pudesse mais tocá-lo. Nunca mais tocá-lo. Minha vontade era abraçar meu filho, sentir sua pele contra a minha, cobri-lo de beijos. Mas isso poderia alarmá-lo, então me continha.

Até que os especialistas iniciassem o tratamento, Tancrède pôde voltar para casa. No quarto ao lado do dele, na cama que divido com David, eu não conseguia dormir. Para David também era difícil conciliar o sono, mas, nas poucas vezes em que ele adormecia, eu chorava sozinho, colocando um travesseiro sobre a boca para abafar os soluços. Aquela agonia podia demorar horas. Finalmente, quando conseguia me acalmar um pouco, mesmo destroçado pelo cansaço, eu caminhava até o quarto do Tancrède. Ajoelhado no chão, pousava minha cabeça a seus pés, cuidando para não acordá-lo. Queria rezar, mas nenhuma palavra chegava. Tentava meditar, mas as lágrimas inundavam meus pensamentos. Então, voltava para minha cama e acabava por dormir algumas horas, antes de despertar para mais um dia de dor e desespero. Eu sabia que precisava aprender a não chorar, pois as lágrimas não trariam nenhuma resposta. Porém, como conter o desespero? Às vezes, a meu lado, percebia David prestes a desabar e imediatamente o repreendia, pedindo que se contivesse. Eu não podia fazer nada por David. Não podia dar-lhe colo, já que eu mesmo precisava de colo!

Sentia pena de vê-lo sofrer, mas sabia que, se percebesse uma única lágrima caindo dos olhos dele, as minhas se seguiriam imediatamente. "Conter a dor, conter a dor": essa frase tinha se tornado um mantra que eu repetia sempre, sem sucesso. A dor me paralisava.

Uma pessoa foi muito presente nesses dias tenebrosos. Maria Eugênia, minha parceira no New Ways, amiga-irmã do coração, estava sempre por perto com seu sorriso generoso, sua serenidade contagiante e um cuidado infinito para comigo, David, Tancrède e Elzear. Havíamos nos conhecido meses antes, durante um retiro organizado por mim. Ela soube e se inscreveu. Durante uma palestra, sem que ela tivesse dito uma só palavra, tive uma visão. Enxerguei nosso lindo futuro juntos e disse ao grupo que havia naquela sala, naquele instante, uma pessoa que passaria a fazer parte da minha existência, da minha missão, e que trabalharíamos juntos até o final da minha vida. No momento em que a conheci, soube que ficaríamos juntos em uma preciosa parceria – e o tempo se incumbiu de realizar o que meu coração tinha me contado naquele encontro. Naqueles dias

Maria Eugênia: a "amiga-irmã", sempre presente

tão terríveis, tomava o café da manhã ou almoçava com ela mais do que frequentemente. No entanto, parecia impossível explicar a dor que eu sentia mesmo para minha amiga-irmã do coração. Nem sequer seu amor me oferecia algum alívio. Tudo o que ela podia fazer por nós – e já era um esforço imenso, pois ela era apaixonada por Tancrède – era se manter suficientemente sólida para nos apoiar.

Assim, durante semanas, as lágrimas ficavam estocadas dentro de mim durante o dia e eram libertadas à noite, em segredo. Nem sequer David, meu companheiro, me viu chorar. A força imensa que desenvolvi para não desabar parecia bloquear também minha capacidade de receber amor. Eu estava sozinho no meu sofrimento, e ninguém podia aliviá-lo. Tancrède era minha obsessão, e mudar essa obsessão era impensável.

RAÍZES DA DOENÇA

Perguntamos aos médicos quanto Tancrède deveria saber sobre sua doença e ouvimos deles que não deveríamos dizer tudo, pois seria muito "chocante". Tanto para ele quanto para Elzear, que tinha 5 anos quando tudo aconteceu. Decidimos, então, agir com transparência, porém "sob demanda"; responderíamos apenas o que ele perguntasse.

Mas Tancrède não perguntou. Era como se já soubesse de tudo. A única informação que ele queria receber era nosso amor; o amor de seus amigos, mesmo que, como soubemos depois, os amigos da escola o tivessem agredido tão duramente ao longo de tantos anos; e o amor de todas as pessoas que se aproximavam dele. E naquele momento isso acontecia de verdade: todos se preocupavam com ele – os médicos, seus pais, seus amigos. Hoje acredito firmemente que por anos ele pediu e esperou por essa onda de amor. E eis que ela chegou de repente, logo após o diagnóstico.

Para Tancrède, naquele momento, não importava a gravidade da doença, apenas importava não perder mais esse cuidado, esse carinho – cuja falta, acredito hoje, está na raiz de sua doença, como causa emocional. O remédio tinha chegado. Ingênuos, David e eu acreditávamos que todo o carinho e afeto que entregávamos a Tancrède era suficiente. Não era. Por seu nascimento prematuro, pela chegada do irmão e, finalmente, por situações de *bullying* que vivera na escola por vir de uma família com dois pais, a carência de nosso filho era tão grande que nosso amor, apesar de distribuído a cada momento, não bastava para preencher o vazio do sofrimento.

E, no entanto, Tancrède precisava saber, ao menos em parte, o que estava acontecendo. Até porque viria um tratamento, que seria longo e doloroso.

Dissemos que ele tinha uma doença grave, mas que já havia um processo de cura em curso. Explicamos ainda que, para ficar curado, ele precisaria de um transplante de medula óssea; da forma mais simples que conseguimos, descrevemos o que era. Falei que o passo seguinte seria encontrar um doador compatível, ou seja, alguém cuja medula seria aceita pelo corpo dele sem brigar. Diante de nós, com os olhos imensos abertos, Tancrède parecia bem, apenas um pouco abatido e cansado; dentro dele, no entanto, havia um câncer de sangue que podia ser fulminante. Os dois cenários não combinavam. Era como se estivéssemos num filme – tudo muito irreal.

AS REUNIÕES

Ficou decidido que haveria reuniões diárias, individuais, no Hospital Albert Einstein com os médicos mais próximos, e uma grande reunião semanal com toda a equipe para que pudéssemos acompanhar as decisões envolvendo o tratamento de nosso filho, que, nesse meio-tempo, voltara ao hospital. Àquela altura, Tancrède já estava um pouco enfraquecido pela anemia e tomava transfusões de sangue periódicas – era a doença já mostrando suas garras, depois do período em que parecia impalpável. Os médicos haviam acionado os órgãos competentes em busca de uma medula compatível. Esperávamos.

As reuniões semanais eram sempre um grande desafio para mim. Eu entrava na sala de consultas com dor nas entranhas, sem saber o que nos seria revelado a cada vez. Lutava para não imaginar o pior. Porém, parecia que uma espada estava sobre minha cabeça e ameaçava cair no momento em que a reunião começava.

O caminho até o hospital me parecia interminável nesse dia. Nos 15 minutos que separavam minha casa do hospital, tentava meditar de olhos abertos, me concentrando para que pensamentos ruins não invadissem minha mente. Por minha busca espiritual constante e o trabalho em nosso Centro de Evolução do Ser, o New Ways, esse era um ritual que eu já cumpria cada manhã, ao acordar. Sabia que era uma chave para afastar a preocupação e chegar ao meu destino com o mínimo de autocontrole. Minha sensibilidade estava à flor da pele, mas eu já havia entendido que seria capaz de remover montanhas para salvar meu filho. Para alcançar esse propósito, o exercício de esvaziar a mente era essencial e, ao longo das semanas seguintes, me ajudou a vencer muitas batalhas, dentro e fora do hospital. Quando eu não conseguia afastar os pensamentos, recitava o mantra "OM MA NI PAD ME HUM" até chegar à sala de reuniões. Em sânscrito, significa "Da lama nasce a flor de lótus". Havia vezes em que eu nem sequer conseguia recitar o mantra. Então, apenas enviava amor para meu filho repetindo sem parar: "Te amo, te amo, te amo..." Quando focamos numa frase, a mente não tem mais espaço para pensar e, de repente, o coração se acalma. Não digo que funcionou em todas as reuniões, mas ajudou muito.

As reuniões diárias ocorriam em uma sala reservada às famílias, no mesmo andar onde Tancrède estava internado. Já as semanais, envolvendo a equipe inteira – dez a 12 médicos, a maioria jovens, exceto os dois chefes –, eram realizadas no consultório do médico principal, o doutor Nelson Hamerschlak, hematologista e especialista em transplante de medula óssea. Um ambiente pequeno, frio, branco, decorado com uma maca, uma mesinha de trabalho e duas poltronas. Eu sentia a energia pesada desse local apertado, sem janela, sem humanidade.

No entanto, a primeira reunião envolvendo a equipe inteira me deixou muito esperançoso. Imaginei que o objetivo de juntar tanta gente era nos trazer conforto e promover discussões férteis sobre o estado de saúde de Tancrède, bem como sobre o melhor tratamento para ele. Rapidamente, porém, constatei que poucos ofereciam ideias. Na realidade, ou assim me pareceu, eram um exército representando um poder do qual não tínhamos o direto de duvidar. Em nosso primeiro encontro, o doutor Nelson nos tinha dito: "O segredo da relação médico-paciente-família de paciente é a confiança". Significava que nós dois, David e eu, em um estado de pânico e de cansaço extremo, para não dizer de depressão completa, tínhamos com única alternativa confiar em um grupo de pessoas que nem conhecíamos. Éramos dois; eles, 12. Tínhamos que escolher entre duas visões: nos sentirmos protegidos, acolhidos, seguros por haver tantos médicos cuidando de Tancrède, ou ficarmos atentos a qualquer decisão para estudá-la, refletir sobre ela e deixar nosso coração decidir em que acreditar. Ou talvez houvesse um caminho do meio. Não sendo médico, que opinião eu poderia ter? Eles eram extraterrestres para mim, e nós éramos apenas dois pais a mais na agenda deles, dois pais assistindo à lenta agonia do seu filho, como tantos outros antes de nós. Eu queria confiar cegamente, mas tinha um coração – e esse coração não me deixava em paz. Assim, queria saber de tudo, inconformado com um destino que, no fundo, ninguém podia decidir.

No dia da primeira reunião, o outono se exibia lá fora. Da janela, eu via as folhas mortas caírem das árvores e se amontoarem no chão. O cenário conversava com meu estado de espírito: eu também era como uma folha caída, inerte. David e eu estávamos perdidos, desesperados, diante de um mundo incerto e perigoso não apenas para Tancrède, mas para toda a nossa família. Na verdade, a porta que nos conduzia a esse espaço até então desconhecido estava aberta, e já tínhamos entrado.

Tudo era muito frágil ali naquela sala tão cheia, tão frágil que nem mesmo os médicos sabiam muito bem de que forma se comunicar conosco. Falavam baixo, às vezes tentavam um sorriso, uma piada para descontrair o ambiente, mas eu não ria, não; eu não estava lá para rir e não queria chorar. A certa altura, disse: "Parem com essas piadas, meu filho está morrendo e esse não é um encontro social!" Mais tarde, entendi que os médicos agiam assim para se proteger. Mas eu sentia que a qualquer momento o fio poderia arrebentar e mergulharíamos em uma explosão de raiva ou em um mar de lágrimas incontroláveis, e eles sabiam que isso podia acontecer.

As palavras dos médicos não faziam muito sentido; eles queriam nos reconfortar, nos acalmar, mas apenas aumentavam a incerteza dentro de nós.

Será que existe uma forma de libertar do inferno da dor os pais de um menino gravemente doente? Acredito que não, mas, apesar do infortúnio que nos levara até ali, senti amor nessa primeira reunião; senti seres humanos que queriam dar seu coração para que o pior não acontecesse, e isso era o principal: precisava salvar meu filho a qualquer preço.

Quem somos nós, seres humanos, para prever o que acontecerá? E, no fundo, quem sabe? Saindo dessa reunião, era o sentimento preciso que girava na minha cabeça: quem sabe, quem pode saber? Porém, será que meu coração já não tinha conversado comigo, revelando a mim o que estava acontecendo com Tancrède? Sim, mas nem me lembrava mais disso, nem me lembrava de que o coração entende e sabe antes da mente, porque não estávamos prontos, David e eu, naquela reunião, para escutá-lo. Não estávamos prontos para escutar nosso coração, para administrar nosso medo, para reagir racionalmente e entender o que precisávamos entender.

No fundo, não havia nada para compreender porque, na realidade, ninguém sabia de nada ainda – nem mesmo os médicos. Naquela reunião, e nas duas que se seguiram, percebíamos o desamparo deles. Eu sentia o risco da morte flutuar sobre nossas cabeças: um silêncio entre as palavras, uma emoção percebida na umidade de um olho, o leve tremor de uma mão; o ambiente era pesado. Os médicos tentavam fazer o melhor possível, mas eu sentia a piedade deles e, principalmente, enxergava que não davam muitas chances para meu filho sobreviver. Percebia nos olhos deles a vontade de exercitar seu papel de médicos, de anunciar um tratamento e um prognóstico, mas nem sequer acreditavam que Tancrède sairia com vida dali.

Essas reuniões eram intermináveis. Muitos amigos nos recomendaram centros médicos altamente especializados nos Estados Unidos e na Europa. No entanto, levamos em consideração o apelo do doutor Nelson, que nos pedira um voto de confiança, e decidimos confiar na medicina que se faz no Brasil. Dissemos isso aos profissionais em volta da mesa, ignorando o clima de desesperança. Em troca, exigi transparência. Eu queria que fossem honestos comigo. Sempre.

O assunto que me importava mais era sempre o mesmo: quais eram as chances de Tancrède sobreviver. Àquela altura, já tinha lido muita literatura sobre a mielodisplasia e conhecia de cor as porcentagens de sucesso de um transplante de medula. No entanto, minha pergunta procurava, a cada encontro, uma informação que desmentisse o que lia nas resenhas médicas da internet: 40% de chance de sucesso e 60% de risco de morte após o transplante de medula. Sessenta por cento era um número enorme, insuperável.

Entendíamos perfeitamente a situação. O caso patológico de Tancrède era raro, portanto não havia ainda estudos sérios embasando qualquer tratamento para a mielodisplasia infantil. As análises de sangue mostravam resultados que iam de um extremo a outro em um mesmo dia. O estudo dessa doença no estado infantil ainda está em pesquisa, e Tancrède se tornou um caso que provavelmente poderá ajudar outras crianças no futuro.

Nem por isso desistia das minhas perguntas.

Um dia, depois de ter insistido incontáveis vezes, outra médica me disse: "Ele tem menos de 10% no momento presente". Agradeci a ela, por dentro, pela coragem de falar a verdade. Porém, nessas salas de reuniões, eu ficava tão exausto pela tensão que acolhi friamente a resposta. Foi apenas no carro que, destruído pela notícia, entendi que, na realidade, os médicos nos preparavam para a morte iminente de Tancrède.

O SILÊNCIO DO MEDO

Vários dias passei vivendo sem viver, pensando sem que nenhuma frase lógica se formasse em minha mente. Eu me sentia morto. Não tinha vontade de viver, nem de morrer, nem de nada. Todos ao nosso redor tentavam ajudar, nos apoiar, mas eu estava fechado no meu silêncio. Não entendia como meu filho podia desaparecer da minha vida apesar de tentar, de me esforçar para encontrar um chão, uma base onde recolocar meus pés para ficar firme na Terra. Mas não existia chão, apenas um precipício sem fundo que me atraía mais a cada dia.

Nada mais importava. Tancrède era a única razão para ainda estar vivo, e uma razão tão frágil...

Paralisado pelo medo, não estava mais em condição de ouvir meu coração. De repente, ele se apequenou, pois sentiu que minha mente estava surda aos seus chamados. O medo tinha tomado conta de mim. A emoção não emanava mais do meu coração, do meu amor, mas do meu ego, da minha mente: era medo puro, e eu havia me tornado escravo dele. O medo bloqueia o livre-arbítrio, a liberdade de escolha que faz de todos nós, seres humanos, homens independentes e poderosos. Minha liberdade de escolher tinha fugido; tinha voado para longe porque o medo me paralisava. Eu havia criado minha própria prisão, feita de medo, de autopiedade – emoções que me destruíam – e do pior que um homem pode experimentar: o inferno. Eu tinha criado meu inferno, e suas chamas me consumiam por dentro.

Todos nós somos dotados de uma sensibilidade aguda que é o nosso poder supremo, mesmo que hoje muitos a vejam como uma fraqueza. Essa sensibilidade desperta emoções importantes para nossa realização e nossa plenitude; ela nos estimula a reagir em qualquer situação para criar algo novo, algo que nos transformará e transformará qualquer cenário. É movimento. E, quando o movimento para, tudo para.

Eu tinha detido o movimento como um ponteiro que deixa de marcar os segundos, e o tempo não existia mais. Eu não existia mais: estava vazio e estagnado por dentro. No entanto, de alguma maneira misteriosa e visceral, soube que cabia a mim transformar essa situação, ter a coragem e a vontade de mudar meu olhar, abandonar minhas antigas crenças e verdades para poder inventar, dar um sentido ao que acontecia e, por meio da descoberta desse sentido, realizar um milagre.

Por mais que secretamente soubesse de tudo isso, estava longe de encontrar a saída. Eu me encontrava naquele ponto em que o medo impede o ser humano de reagir, criar, curar ou se curar, cuidar ou se cuidar, elaborar qualquer plano ou tomar decisões. Eu não era mais ninguém, incapaz de usar meu poder. Havia perdido a confiança em mim mesmo, sentia-me pequeno; eu era um lixo, uma vítima incapaz, um sub-homem. Não mais conseguia amar a mim mesmo, nem a qualquer outro que não fosse meu filho doente. As outras pessoas da minha família não contavam mais: Elzear, meu outro filho; David, meu marido havia sete anos; Maria Eugênia, minha irmã-amiga eterna; ninguém mais importava para mim.

Precisei de muita força para pensar de novo neles. Precisei de tanta força que mesmo hoje não sei de onde veio. Mas um dia ela chegou. Mesmo o inferno necessita de muita energia para existir. Entendi que poderia usar esse tsunami de energia não mais a serviço da destruição, e sim da transformação, de deslocar montanhas.

Paris, 1999

SINAIS

Não seria a primeira vez.

 Eu já havia deslocado montanhas em meu enorme e invencível desejo de ter um filho. De ser o pai de Tancrède. Ainda hoje é difícil entender por que a vontade profunda de ser pai não saía de minha mente. Finalmente tinha conseguido tudo o que queria: estava em Paris, para onde havia me mudado aos 19 anos para estudar, havia conseguido comprar um pequeno apartamento com a ajuda do meu avô e reformá-lo eu mesmo, tinha sucesso profissional – depois de ter sido modelo da Christian Dior e executivo da marca, me tornara um antiquário respeitado não apenas em Paris, mas também nos Estados Unidos. Tudo o que queria ser ou fazer na vida já estava feito. E morava com Jacques Garcia.

Galeria em Paris

Tínhamo-nos conhecido três anos antes, quando vendi a ele um objeto de arte. Seu carisma me hipnotizou desde nossa primeira troca de olhares. Não é possível ficar indiferente a Jacques: além de ser um homem bonito e de presença marcante, ele irradia inteligência e liberdade de pensamento. Eu acreditava que nossa história me fazia feliz. Estava apaixonado por ele. Seria aquele homem o grande amor da minha vida? Acreditei nisso durante um longo período. Na época, ele vinha ganhando cada vez mais notoriedade em Paris, onde vivíamos. Hoje, é praticamente uma celebridade.

Àquela altura, a vontade de ter um bebê se revelou incontornável. Já fazia tempo que eu queria gerar um filho, mas demorei a assumir tal desejo – e não pelo fato de ser homossexual. Sempre considerei que uma criança deve nascer de dois seres que se amam e crescer sob o abrigo desse amor. No entanto, depois de passar anos a fio observando ao redor, cheguei a uma triste conclusão: a porcentagem de meninos e meninas educados por pais que estão juntos é cada vez menor. Quantos pequenos não acabam dilacerados pelas separações conjugais? Quantos não ficam marcados para a vida toda pela ausência de um dos progenitores, ocupado demais ou que partiu antes da hora? Quantos não se encontram abandonados num pensionato ou orfanato? Quem são, afinal, esses casais que fazem sua prole pagar pela união fracassada? Li certa vez que, na França, onde eu vivia, só 12% dos pais casados chegavam juntos ao fim da vida.

Quando abordava tais questões – ou qualquer outra relativa ao amor – com amigos ou conhecidos, um silêncio pesado encerrava o diálogo. O amor, em Paris, não é tema para conversas cotidianas. O amor é algo que dá medo. Ninguém costuma falar dele porque, com frequência, falta amor na vida das pessoas – uma falta que causa enorme sofrimento. Em geral, quem se vê privado de amor na infância se transforma num adulto que não sabe amar. No entanto, ao sabor dos encontros, ao sabor dos acasos, muitas dessas pessoas que ainda não entenderam como amar se permitem conceber e educar crianças, sem jamais se perguntarem se elas são filhas do amor.

Durante dez anos, pensei milhares de vezes no assunto: caso tivesse um bebê, será que conseguiria fazê-lo crescer rodeado de amor? Privá-lo disso significaria lhe impor uma pequena morte, sua primeira ferida, já tão brutal. Daí minha hesitação em assumir íntima e publicamente o desejo da paternidade.

Por experiência própria, sei que, se não curadas, as chagas de nossa infância tornam-se onipresentes quando viramos adultos. Ganham um poder demasiado e passam a controlar nossas emoções, criando uma personalidade que gastará muita energia em vão a fim de receber amor e reconhecimento ou, ao contrário, se fechará para se proteger do desamor. Enquanto amadurecia a ideia de ter um filho, percebi que só poderia lhe oferecer todo o amor que desejava se estivesse inteiro. Ou melhor: se identificasse e compreendesse as feridas da minha própria infância, se deixasse de sofrer com o passado. Iniciei, então, sozinho, um longo trabalho de autoconhecimento. No dia em que finalmente me senti pronto, disse para mim mesmo: "Terei, sim, um filho!" Eu havia me tornado adulto porque entendera o sentido da dor. Já não sofria e, por isso, estava livre para amar.

No momento em que conheci Jacques, não tinha consciência de que ele mudaria o rumo da minha vida. Foi uma história magnífica, que durou sete anos (número fatídico) e fez de mim um homem mais consciente. Logo que nos encontramos, meu coração bateu muito forte: tum, tum, tum! E acelerou outra vez quando, tempos depois, tentei lhe explicar, meio sem jeito, o desejo de me tornar pai. Ele não compreendia a razão daquela emoção toda – ou talvez não quisesse compreender. Era cedo demais. Meu companheiro não se entusiasmou com a ideia de uma criança invadindo sua vida (até porque Jacques sempre foi sábio, visionário e otimista, mas nunca entusiasmado). Mesmo assim, a palavra "bebê" continuou retornando sem descanso à nossa casa. Um dia, Jacques cedeu, ainda que parcialmente: "Tudo bem, desde que o bebê seja seu filho, não meu. Ficarei ao lado de vocês, lhes darei amor, mas a responsabilidade sobre a criança será apenas sua". E por que não? Resolvi pagar para ver.

40

Phoenix, Arizona, 2002

A MINHA VERDADE

Sou antiquário, e minha profissão me fez viajar muito, em geral acompanhando as pessoas ricas ou muito ricas para quem eu trabalhava. Naquele momento da minha vida, apesar de não escolher meus amigos em função de seus ganhos, frequentemente acabava me relacionando com pessoas que possuíam bastante dinheiro. Mais até: eu as distinguia das demais, como se sua posição fizesse diferença. Ainda tinha um espírito muito jovem, ou talvez estivesse demasiadamente decidido a me tornar um profissional de sucesso. Por isso, tinha dificuldade para enxergar além das máscaras que, afinal, eram imagens sem nenhum significado.

Nos fins de semana, íamos para a casa de Jacques, um antigo castelo francês restaurado. Era comum passarmos o sábado e o domingo sozinhos em sua enorme residência. Com o tempo, o laço que se formou entre nós ultrapassou a afinidade estética que nos aproximou no início, ainda que, juntos, cuidássemos de aprimorar aquele lugar abençoado pelos deuses. O castelo, Le Château du Champ de Bataille, hoje conhecido no mundo inteiro, abriga uma coleção de mobiliário e objetos antigos única; a beleza reina em qualquer lugar para onde se olha. Amigos e personalidades vinham de todas as partes do mundo para passar os fins de semana conosco.

Como antiquário, pude conhecer lugares aos quais talvez não tivesse acesso se houvesse escolhido outra profissão. Mas é grande o perigo de se deixar devorar por um meio social abastado, glamouroso e sedutor. Conhecer pessoas que se parecem conosco e sentir a alegria de ver nosso reflexo no rosto delas passa a ser a razão de existir. Os valores que nos fizeram crescer mudam; aos poucos, vamos nos afastando perniciosamente da nossa identidade, até acreditarmos que somos aquilo que nos tornamos. Assim, eu me sentia acima

Le Château du Champ de Bataille

da sociedade pelo fato de pertencer a um meio social dito "da elite internacional", mas era apenas um rótulo que, no fundo, não me trazia equilíbrio nem plenitude. Era um disfarce da minha mente, do meu ego, que queria ser amado, admirado. Era uma mentira na qual acabei acreditando.

Ao mesmo tempo, fui percebendo, pouco a pouco, que apenas a presença de um filho, do meu filho, teria o poder de me guiar para as profundezas do meu ser, para a Verdade. A única Verdade que se apresentava a mim, por meio do nascimento tão esperado de Tancrède, era o amor. Nada era mais simples do que o amor. O amor é a nossa origem; somos criados a partir dele, e o amor é também a dimensão para onde nos dirigimos. A mim, parecia que a tarefa suprema dos seres humanos era descobrir a natureza do amor; era esse o motivo de termos encarnado neste planeta. Estava convencido de que bastava escutar e aceitar os sinais, porque eles não mentem jamais. Ouvir esses sinais tinha se tornado uma obsessão, sem eles não podia mais viver. E esses sinais apareciam o tempo todo. Os bebês filhos de amigos chegavam aos meus braços mais do que nunca. Eu tinha mais e mais tempo para pensar nisso e para um dia me tornar disponível para a criação de um filho.

Como disse o escritor Paulo Coelho: "Nós todos recebemos o chamado uma vez na vida". Acredito nisso. Todos somos chamados pelo universo, com clareza, pelo menos uma vez. E a resposta se resume a uma escolha: aceitar ou ignorar a Verdade. Tancrède era a minha Verdade, porque representava o amor, a dimensão do coração, órgão vital que anima e gera a vida.

Às vezes eu tentava definir o sentimento que crescia dentro de mim. Ia percebendo que o amor era uma sensação, um poder, uma energia que, sem dúvida, estava na origem da criação do homem, mas que também estava além de qualquer qualificação. Era TUDO, e era simples. De repente, me pareceu ridículo querer definir tudo com palavras. Por acaso é possível definir o impalpável, o invisível? Compreendi que liberdade de escolha é interpretar as palavras de acordo com a nossa imaginação, a nossa sensibilidade ou o estado do momento. A liberdade de escolha é que nos conduzirá à plenitude da humanidade, podendo nos elevar ou nos limitar. Escolher é saber administrar nossa vida de forma que ela possa nos fazer feliz. Mas, para isso, precisamos identificar o que poderia nos trazer certa plenitude. E ela sempre depende da nossa habilidade de desenvolver nosso dom ou nosso talento. O meu era de ser pai, mas eu ainda não sabia que esse filho seria o pretexto para dar um salto quântico no caminho da evolução e do autoconhecimento.

Gradualmente, tomei consciência de que o longo caminho que eu tinha percorrido desde o nascimento era a busca pelo amor. Se tudo correr bem, temos em média 75 ou 80 anos para experimentar e praticar o amor e, depois, para nos juntarmos a ele naquilo que chamamos de morte. O amor me elegeu por meio de meu filho.

A PRIMEIRA TENTATIVA

O sinal tão esperado chegou durante um jantar banal em Nova York. À mesa, uma mulher contava a história de sua filha, que tinha recorrido a uma barriga de aluguel para ser mãe. A história tinha acontecido em Phoenix, Arizona, cidade próspera que se erguia num deserto coberto de pedregulhos no sudoeste dos Estados Unidos. Eu me meti na conversa para perguntar mil detalhes, e o sonho começou. À noite, não fechei os olhos. Aquela conversa mudou o curso de toda minha existência. Resolvi ir até Phoenix o mais rápido possível.

Um mês depois, desembarcaria lá.

Uma amiga norte-americana que morava em Los Angeles, e com quem eu tinha uma amizade sincera, me acompanhou. Sua presença se revelou um grande conforto, porque o início não foi nada fácil.

Feitos todos os arranjos necessários, desembarquei no aeroporto de Phoenix, onde uma mulher de certa idade estava à minha espera. Usava uma maquiagem pesada, que dava um ar falso ao seu rosto. As primeiras palavras que disse, mal escolhidas, revelavam um interesse mal-intencionado e me deixaram de imediato pouco à vontade. Era ela que tinha organizado tudo e, naquela mesma noite, iria me apresentar à jovem que gestaria meu filho.

Algumas horas depois, acomodado em um salão de restaurante, tive uma sensação estranha ao avistar a moça em questão. Era jovem demais, quase uma criança. Nossa conversa, surreal, girou em torno de bonecas Barbie, astros de revista e cirurgias estéticas. Sua protetora, de aparência esperta – ou devo dizer maligna? –, se esforçava para mudar de assunto cada vez que a jovem abria a boca. Aquela "mulher", que supostamente tinha 22 anos, parecia ter no máximo 18 – e não me pareceu pronta para conceber meu filho.

Em todo caso, perguntei a ela por que aceitaria gestar uma criança para mim. Respondeu sem rodeios: com o dinheiro, finalmente poderia fazer uma lipoaspiração na barriga. Diante do paradoxo no discurso dela, fui acometido por um ataque de riso nervoso, irrefreável, e precisei sair da mesa, alegando uma desculpa qualquer. Eu experimentava um misto de desespero e ternura por aquela menina. Ela tinha nascido em uma sociedade que lhe ensinara, de maneira insidiosa, que a aparência era tão essencial que valia a pena sacrificar tudo em nome dela – valia até mesmo procriar para depois ficar magra e ser aceita em um mundo onde a matéria tem predomínio sobre o amor. O objetivo dela, por mais absurdo que parecesse, era finalmente sentir-se reconhecida, amada. Naquele momento, eu me perguntei quantas provas mais seriam necessárias para que o homem percebesse, enfim, que a aparência não traz felicidade. Compreendi, por meio dessa experiência de vida, que apenas a essência do amor traz a felicidade. E tive a certeza de que meu filho, por meio do amor que já sentia por ele, me traria essa felicidade.

Voltei deprimido para o hotel, sem saber o que fazer. De manhãzinha, porém, já não queria mais bater em retirada. Tinha chegado até ali e achava que a oportunidade talvez não se repetisse. Fui então para o local do encontro, o consultório de um ginecologista. O cenário estava cada vez mais distante do roteiro que eu tinha imaginado durante anos em meu sonho sagrado de ser pai. No banheiro, colhi meu sêmen no pote plástico que me entregaram. Ao meu lado, a moça não conseguiu segurar o riso quando dei o pote para o médico, que, constrangido, não abriu a boca. Eu estava igualmente constrangido. A mulher que nos acompanhava tinha inventado uma história segundo a qual eu viajava muito e não conseguia fazer um filho na minha "esposa". Ou o médico era cego ou tinha sido remunerado à altura. Mas ele fez seu trabalho, e a moça deixou o consultório com a missão cumprida.

Voltando no dia seguinte para Paris, eu já tinha esperança e começava a imaginar uma vida nova: nós dois juntos, eu e meu bebê, que um dia se tornaria um homem ou uma mulher. Não consegui dormir no avião; só pensava naquele homem ou naquela mulher, uma extensão do meu próprio corpo, da minha alma.

Duas semanas depois, recebi a boa notícia: ela estava grávida. Entusiasmado com o acontecimento, eu me sentia flutuar: meus pés não encostavam no chão e eu já estava em outro mundo – o mundo dos pais. Mas a viagem foi rápida e a queda, brutal, quando o telefone voltou a tocar: tinha sido um falso alerta. Fiquei destruído.

Jacques desferiu o golpe fatal. Ele deixou bem claro que a questão de ter filhos nunca mais entraria em pauta entre nós, sob pena de rompimento.

Chorei durante dias e dias. A tristeza se instalou em mim porque eu precisava escolher entre Jacques e um filho. Não é possível escolher entre um homem e uma criança. Eu não tinha como escolher. Escolhi Jacques. Hoje, não me arrependo de nada. Fazia parte da ordem das coisas. Eu amava Jacques. Ele me completava. Ele me dava segurança. Ele dizia que me amava, eu acredito que me amasse do jeito dele e que era feliz comigo. Até o fim, algum tempo depois, meu amor por ele foi generoso, sincero, profundo e passional.

São Paulo, 2015

DE REPENTE, A LEVEZA

No hospital, Tancrède brincava serenamente com seu videogame. Estava abatido e se queixava de cansaço, mas, exceto por isso, não parecia doente. Dentro dele, a leucemia fazia estragos que, curiosamente, se revelavam mais no hemograma do que no aspecto físico e no estado emocional de nosso filho. Quanto a mim, estava sozinho com minha autopiedade e com Tancrède. As chamas do meu inferno interior tinham consumido minha essência e tudo em que acreditava. Perdi a vontade de viver. Sumir na dor parecia a solução.

Até que, em uma segunda-feira, acordei diferente. Aquela manhã era diferente. Não acordei chorando, como em cada manhã nos 15 dias anteriores. Meu coração batia em paz e eu me sentia renascer. Eu mesmo não entendia aquele sentimento, já que, na véspera, uma informação desfavorável tinha mudado o prognóstico de Tancrède: a mielodisplasia, diagnóstico inicial, se transformara em leucemia, um quadro mais grave, embora previsível. No entanto, naquele dia acordei como se tivesse recebido a melhor notícia. Estava quase alegre, apesar de saber que era a pior situação que podia acontecer.

De onde vinha aquela leveza, aquela quase felicidade? Eu não sabia, e me sentia quase culpado. Tentei meditar, mas, como em toda vez, as lágrimas escorreram, impedindo qualquer concentração. Porém, mesmo as lágrimas não conseguiam espantar a pequena alegria que eu sentia. Olhei para dentro de mim e refleti profundamente sobre a sensação que invadia meu corpo inteiro. De repente, ouvi meu coração bater, e não era "grave" daquela vez. Era leve, era alto, era parecido com o sentimento de se apaixonar por alguém à primeira vista. Senti o amor percorrer sutilmente meu ser. Percebi que algo tinha acontecido, mas não sabia o que era, e a alegria continuava seu caminho dentro de mim, mais intensamente a cada segundo.

Um momento passou. Então eu soube. Soube que Tancrède sobreviveria, mas a sobrevivência dele dependia de mim. Eu podia salvá-lo. Como era possível EU SALVAR MEU FILHO? Eu não era médico, não era um santo que podia fazer milagres, não era Deus; então, quem eu era para salvar meu filho? Foi a pergunta que fiz a meu coração, que vibrava com uma alegria preenchida de raiva, raiva por não saber como aquilo aconteceria. Mas havia também certeza.

Então procurei, procurei, mas não achava nenhuma solução.

A única solução que encontrei nem era uma solução: PEDIR AJUDA. Pedir socorro a todos. Mas logo descobri que, sim(!), era essa a solução, porque foi assim que tudo começou e que o milagre aconteceu.

CORAGEM PARA ME VER COMO SOU

Tudo o que nos acontece na vida é criado por nós. Tudo o que pensamos e fazemos cria vibrações que se concentram no coração. É a partir do coração que vamos irradiar as ondas que atrairão pessoas ou acontecimentos, os quais, por sua vez, serão ferramentas de nosso crescimento e de nossa evolução. Assim, eu tinha já a certeza de que tudo se baseia no amor; vivemos pedindo, doando e recebendo amor. Eu intuía isso, mas a doença de Tancrède me fez experimentar de verdade essa fé.

Mais tarde, e aos poucos, compreendi de onde viera aquela alegria: do desnudamento do ego. Ela veio porque eu havia passado longos anos realizando um intenso trabalho interior e me conhecia melhor do que ninguém, com minha luz e minha sombra. Graças a esse trabalho, compreendi que, no fundo, não era em meu filho que eu pensava, era em mim. A partir do momento em que tive coragem de enxergar isso, me tornei livre para descobrir a solução, e o universo veio me apoiar. Eu soube que podia fazer algo! Lancei-me em um movimento de construção, de criação, de fazer algo em vez de permanecer passivo e apenas acompanhar meu filho na morte. Foi uma experiência profunda, muito forte, porque representou a morte do ego e o renascimento na plenitude, alcançada por meio do alinhamento comigo mesmo.

Foi difícil me olhar de verdade para enxergar que eu chorava por mim, mergulhado em autopiedade, no papel de vítima, e que isso me paralisava. Tancrède estava vivo. No entanto, eu já o via morto, projetando no futuro o pior cenário. Tentava me imaginar vivendo sem ele, e isso parecia impossível. Estava no futuro, esquecendo de lutar no presente. Lutar pela vida, pedir ajuda, pedir o amor de todos, pedir a transformação. Primeiro, porém, precisava transformar a mim mesmo; só assim ganharia a coragem de alertar a humanidade. Porque soube, com clareza única, que a doença de Tancrède guardava uma mensagem e uma missão: ele podia curar-se, mas dependia das provas de amor que todos podíamos pedir e ofertar. Uma vez curado, ele seria a prova viva do poder do amor e da união.

Depois de ter vivido duas semanas de inferno, a partir daquela manhã me transformei radicalmente. Vi chegar o momento de aplicar tudo em que acreditava e tudo o que comunicava em meus cursos, palestras, retiros, workshops. A imensa energia transformadora que existia em mim, mas que havia sido soterrada pela dor e pela desesperança, ressurgia em toda sua magnitude. Ergui a bandeira e decidi pedir a todos o milagre de SALVAR TANCRÈDE, porque é a união que faz a força, é o amor que transmuta e transforma tudo, é a dedicação e a atenção para com o outro que estimula a evolução de cada ser humano e a evolução para a cura. Nesse caso, era a cura de Tancrède. Isso era a única coisa que importava na minha vida, porque eu sabia que minha existência não teria mais sentido sem ele.

Paris, 2003

ATÉ O FIM

A mesma energia que, anos depois, eu depositaria na busca de uma cura para Tancrède estava, naquele anos em Paris, voltada integralmente para a determinação de... me tornar o pai de Tancrède.

Por muitos motivos, e não apenas por meu desejo de ter um filho, meu relacionamento com Jacques chegara ao fim. Já no dia seguinte à nossa ruptura, mergulhei novamente no meu projeto. Eu sabia que, daquela vez, iria até o fim. Telefonei para minha grande amiga Catherine, famosa escritora francesa que morava nos Estados Unidos. Ela sempre tinha me incentivado e sabia o que aquele processo representava para mim. Mais do que isso, conhecia várias pessoas que poderiam me ajudar. Catherine era provavelmente uma das raras pessoas a quem eu podia confiar meu segredo. Eu podia contar com ela.

É certeza que Catherine foi minha amante, mãe ou irmã em outra vida. Nosso grau de comunicação se dá em outra dimensão. Somos tocados pelas mesmas emoções. Temos uma linguagem em comum. A melancolia que nos preenchia estava à altura das alegrias ou das tristezas que experimentávamos. Era uma melancolia construtiva e positiva, que nos permitia enxergar o mundo de uma maneira diferente. Às vezes, por meio de um acontecimento inofensivo; outras, pela violência da vida – ou apenas por causa da vida. Ela permitia que atribuíssemos sentido à nossa passagem pela Terra. Catherine e eu compartilhamos as mesmas crenças: escolhemos esta vida para crescer, para aprender, para nos aproximar do Ser Universal. Nesta existência, que talvez seja só mais uma entre tantas, tentamos descobrir as mensagens e os sinais que vão contribuir para nosso crescimento.

Com Catherine, as palavras são desnecessárias; nosso amor é natural. Catherine é atemporal, diferente de todas as outras mulheres, inteligente, às vezes ingênua, tem um romantismo desenfreado –

mas está sempre próxima da verdade. Por sua aparência discreta, poderia passar despercebida. No entanto, quando fala conosco, seus olhos cintilam e sua energia emite ondas mágicas que nos levam a outros céus... O amor, a paixão, a exigência, o desapego, uma violência doce e provocante – ela é assim.

Não há outra mulher que pudesse ser a madrinha franco-americana do meu filho – que também é franco-americano.

Ela me deu informações que me conduziram até uma amiga sua, escritora belga que também morava nos Estados Unidos. Essa mulher tinha escrito um livro que poderia me ajudar. Graças a ela, reuni informações fundamentais para levar a cabo meu projeto.

JOÃO

Já no processo de concepção de Tancrède, conheci João, um amor que teve papel fundamental na realização do meu desejo. Acredito firmemente que ele desembarcou na minha vida como um enviado do céu para fortalecer minha confiança e para me dizer que não perdesse a determinação. Eu escutava sua alma sussurrar para mim: "Escute seu coração incondicionalmente, como sempre fez; o importante é ter fé".

Mais uma vez, resolvi não censurar nada – e estava certo. Aquele encontro me encheu de alegria, de esperança e também de desespero.

Às vezes, sabemos das coisas. Simplesmente sabemos. Eu sabia que aquele encontro não era inócuo, já que nada mais na minha vida era inócuo. Não tinha certeza se estava pronto, se queria; era tudo muito improvável e muito repentino, mas eu sabia.

Nosso encontro foi lindo, inesperado. João entrou em minha galeria como um cliente qualquer. No dia seguinte, me ligou para pedir que eu fosse vê-lo em seu hotel, local propício a um primeiro encontro. Fui então lhe fazer uma visita. Desde a primeira vez que nos olhamos, percebi que ele era capaz de ler no meu rosto quanto eu estava acanhado e me sentia pouco à vontade diante dele. Eu estava enfiado em um terno justo, feito sob medida, e com uma camisa branca ainda engomada. Ele usava jeans e um suéter de gola alta – gostei dele assim.

De manhãzinha, no momento de nos separarmos, chorei. Nunca soube se foi pelo fim daquela noite inesquecível ou pela emoção de tê-la vivido – talvez tenha sido uma mistura de ambos.

Eu tinha revelado a ele meu desejo de ter um filho e as providências que já havia tomado. Achei que nunca mais voltaria a vê-lo, pois morava em outro país, que à época me pareceu tão remoto – o Brasil. Daí a confiança para desvelar meu segredo. Falei a ele sobre Tancrède com emoção. Ele me ouviu com interesse e respondeu, cheio de doçura: "Se esse é mesmo o seu desejo, vá em frente e o realize! Ter filhos é a coisa mais linda do mundo". Ele tinha dois. Seu coração havia falado. Nenhum julgamento, nenhum entusiasmo desmedido; ele foi verdadeiro em sua frase simples.

Saí feliz. Tinha vivido um daqueles momentos que gostamos de relembrar quando a alegria parece ter nos abandonado. Era óbvio que meu futuro não seria com ele; tudo nos separava. Mas, de alguma forma, sabia que aquela noite tinha contribuído para transformar minha existência, sem ter a menor ideia de como isso iria se dar.

Eu estava feliz porque, mais uma vez, acreditava. Tinha reencontrado a fé no amor, na união com outro ser por um breve, mas intenso e profundo, momento. Essa história era diferente. Ela me perturbava de um jeito único.

Naquela mesma noite, fui jantar com meu sobrinho Julien, que tinha como meu filho. Estávamos em um pequeno restaurante perto de casa. Os amigos dele vieram se juntar a nós, e eu não consegui deixar de relatar o encontro da véspera. Ao falar animadamente de João, percebi dentro de mim o medo de me apaixonar. Era uma história de amor impossível: João é estrangeiro, tem certa notoriedade no

Brasil e sua vida privada é secreta. Desejei nunca o ter conhecido, porque sentia crescer em mim sentimentos que me amedrontavam, inclusive o medo de sofrer.

Mas foi inevitável. Eu já não vivia mais no momento presente: passava cada segundo pensando nele e ansiando por nosso próximo encontro. O tempo demora tanto a passar quando se está apaixonado. Durante os meses que se seguiram, a saudade foi intensa e dolorosa, apesar de suas viagens frequentes à França. Ele passava praticamente uma semana por mês comigo. Ficávamos sempre no mesmo hotel famoso do primeiro encontro, que se transformou em meu segundo lar. Levávamos uma vida clandestina: naquelas semanas, só pensávamos em nós mesmos, fugíamos de todas as responsabilidades. Éramos apenas dois turistas em Paris que se amavam.

As separações no aeroporto eram sofridas, tanto para ele quanto para mim. Acredito que tenha sido nesses momentos de ruptura que comecei a perceber a trama da minha existência, a vislumbrar os elos sem os quais a corrente da vida não poderia se construir. Havia a provação e a conquista, a causa e o efeito. Nenhum fato era fruto do acaso, tudo tinha um sentido. Percebi que bastaria um pouco de desapego e muita coragem para tentar compreender meu passado, descobrir as mensagens, desvendar os sinais, saber por que aquilo tinha acontecido e então aprender, avançar.

Minha vida virou de cabeça para baixo logo após meu encontro com João, e eu precisava entender por quê. Alguns anos depois, compreendi o papel que ele exerceria na descoberta da direção que minha existência deveria tomar, sempre em busca de meu filho, que era minha seiva, minha Essência. Quatro anos depois, mudei-me para o Brasil, onde construiria uma nova família e daria um irmão a Tancrède. Apesar de a imigração para o novo continente não estar conectada a João, ele havia me apresentado a seu país. Ele era meu link para reinventar a vida em outro lugar. Por meio dele, o destino tinha colocado um desvio radical na minha vida, e de maneira inexorável.

Hoje eu agradeço aos céus, ao Universo, aos Homens; a Deus, antes de tudo e apesar de tudo...

Ainda que Tancrède tenha chegado por ser inevitável, ele também é o presente supremo.

AS FADAS

Em agosto de 2003, firme em meu projeto, viajei para a Califórnia. Lá, diferentemente do ambiente de clandestinidade de Phoenix, tudo foi organizado de modo legal e oficial. Existiam agências para doadoras de óvulos e para barrigas de aluguel, assim como advogados especializados nesses procedimentos. Mesmo assim, foram necessários sete meses de trabalhos diários, em contato constante com órgãos governamentais, hospitais, médicos, laboratórios, agências, hotéis, etc. Sete meses importantes para que meu bebê existisse em uma realidade tangível. Eu tinha consultado dezenas e dezenas de perfis de doadoras de óvulos em fichas minuciosamente preenchidas por profissionais. Era preciso escolher a mãe genética do meu bebê! Isso me parecia loucura. Era uma escolha quase impossível, e ainda assim fundamental.

Passei semanas consultando fotos, resultados de exames físicos, mentais e intelectuais, mais históricos médicos e biológicos remontando a três gerações. Páginas e páginas de dossiês intermináveis. A própria existência do meu filho tão esperado estava em compasso de espera devido à escolha subjetiva de uma mãe genética. Eu precisava impor critérios a mim mesmo ou não chegaria a lugar nenhum. A cor dos cabelos, a cor dos olhos, a altura, o peso, o QI, a personalidade: informações que me pareciam tão fúteis, mas que precisava levar em conta. Por eliminação, acabei escolhendo uma moça muito bonita. Aylin era piloto de caça da Marinha norte-americana. Tinha nascido nos Estados Unidos, filha de um casal de biólogos, imigrantes que vieram da Turquia na década de 60. Seu pai era alto, de rosto forte e quadrado, com olhos verdes. A mãe era de origem búlgara, com pele clara, olhos azuis – parecia uma atriz de cinema. Aquela mistura me agradava. Queria que meu filho fosse do Mundo, que se sentisse cidadão da Terra antes de tudo, sem distinção de cultura ou de raça.

Aylin tinha algo muito envolvente, uma gentileza, uma sensualidade combinada a uma potência de caráter evidente. Intuí tudo isso a partir de algumas fotos e frases de um questionário.

Ela tinha cabelos castanhos compridos e ondulados, olhos azuis translúcidos, maxilar decidido mas de contornos delicados, costas quadradas de atleta, sorriso franco e tenro, pele uniforme; era alta, esbelta, simples e feminina, esportiva e frágil. Será que aquelas imagens eram reais ou imaginárias? Sonhadas ou sublimadas? Quis conhecê-la, mas ela não concordou: tinha se casado dois meses antes. O nome do marido dela está nos papéis do processo.

No dia em que ela doou os óvulos, cheguei logo depois dela ao laboratório – pelas regras, não poderíamos nos encontrar em hipótese nenhuma. Não pude deixar de questionar os funcionários a respeito de sua aparência. As respostas foram muito vagas, e a única palavra de que me lembro é "bonita". As enfermeiras simpáticas do centro médico não tinham permissão para dizer nada.

Aylin é uma fada: foi o que pensei e visualizei; apareceu sem se revelar. Ela paira leve no meu imaginário, é uma musa que flutua acima de Tancrède e de mim. Ela nos deu a vida; que seja abençoada.

Depois disso, precisei escolher a outra fada, aquela que aceitaria carregar Tancrède, alimentá-lo em seu ventre e trazê-lo ao mundo. Uma fada que operasse milagres. Foi um encontro pacífico e simples. Tricia, uma dona de casa de San Diego, era maternal, amável, sensível, instintiva, protetora, aberta, generosa. Estava ansiosa para participar da nossa nova vida, a vida que eu viveria com Tancrède –

ela era a chave dela, e também nos escolheu. Era bonita e tinha um imenso sorriso, que não abandonava seu rosto. Ela emanava uma inteligência de mãe, um bom senso instintivo para reconhecer os melhores caminhos a seguir em nome dos próprios filhos – tinha três. Seu marido, um militar, participou do nosso primeiro encontro e era muito presente na vida da esposa... quando não estava em alguma guerra do outro lado do mundo. Percebi nela uma maneira muito particular de se comunicar com os filhos. Durante toda a gravidez, foi um enorme conforto saber que ela era boa com meu menininho.

O RESULTADO

O laboratório responsável pelo processo de FIV (Fecundação *In Vitro*) pedia dois dias para entregar o resultado. Dos 12 óvulos viáveis de Aylin, sete foram fecundados. De comum acordo, decidimos implantar três dos seis embriões no útero de Tricia e congelar os restantes.

Duas semanas depois, a má notícia chegou: Tricia não estava grávida. Na época, eu estava na ilha Moustique com meu sobrinho Julien, que conhecia meu segredo havia algumas semanas. Ele me reconfortou como pôde.

Era agosto, e os embriões congelados só seriam implantados em novembro. Era necessário esperar esse tempo por causa de Tricia e do efeito dos medicamentos sobre seu metabolismo. Minha presença não era necessária.

São Paulo, abril de 2015

UM EM 1 MILHÃO

Então, tudo começou a acontecer muito rápido: Tancrède piorou.

Seus indicadores de saúde despencaram. Nosso filho ficava cada vez mais pálido. O cansaço aumentou.

Àquela altura, todos sabíamos que, do ponto de vista da medicina, só havia uma maneira de salvar nosso filho: por meio de um transplante de medula óssea. Essa medula deveria ser compatível com a genética de Tancrède, e quanto mais perto de 100% de compatibilidade melhor. A cada 1% de compatibilidade a menos, 1% a mais de risco de não sobreviver após o transplante. As chances de encontrar tal compatibilidade eram pequenas: oficialmente, de um em 1 milhão no Brasil, porque meu filho não era brasileiro. Na realidade, porém, eram ainda muito mais remotas, porque Tancrède tinha um gene muito raro.

Mas eu não era mais o sub-homem de alguns dias atrás. Havia vencido o medo e continuava tomado por aquela estranha alegria: eu tinha o poder de realizar o milagre.

A maioria dos transplantes de medula óssea se dá de forma autóloga – a pessoa doa para si mesma – e entre aparentados; no Brasil, segundo as estatísticas do Inca, o Instituto Nacional de Câncer José Alencar Gomes da Silva, que fica no Rio de Janeiro, apenas dois transplantes em cada oito são feitos entre pessoas que não têm laços de sangue. O órgão que centraliza as informações sobre pessoas que se dispõem a doar a medula óssea para transplante chama-se Registro Nacional de Doadores de Medula Óssea, ou simplesmente Redome. Eu não tinha ideia de quanto aquela sigla se tornaria familiar para mim nas semanas seguintes. Esse banco, que funciona no Inca, recebe os dados de pacientes que precisam de transplante, cruza-os com um cadastro de doadores em potencial em vários países e, havendo compatibilidade, informa isso ao médico que cuida do caso. Uma rede de hospitais distribuídos pelo país está habilitada a realizar o transplante. O sistema parece organizado, mas, na prática, não foge ao pesadelo burocrático que atormenta a vida dos brasileiros – e que, até o transplante, passou a atormentar também a nossa.

Mesmo sendo pai biológico de Tancrède, eu não era doador porque a compatibilidade entre nós era de apenas 50% – e precisávamos de mais, muito mais! Aylin, a mãe biológica, foi contatada por meio dos funcionários do banco de óvulos ao qual eu havia recorrido. Soubemos que não existiam antecedentes da doença na família e que, por pura sincronia, Aylin tinha feito, um mês antes, registro em um centro de doação americano para oferecer a medula em caso de compatibilidade com qualquer pessoa que se apresentasse. Infelizmente, como eu, ela não era suficientemente compatível. Tancrède e eu entramos, então, nas engrenagens do Redome. E elas eram desesperadoramente lentas.

Quando os dados genéticos do nosso filho foram enviados ao Redome, descobrimos que o sistema pedia 14 dias para dar uma resposta – e podia atrasar. Não sabíamos se Tancrède tinha todo esse tempo. No hospital, ele definhava. Cada vez mais anêmico, recebia transfusões de sangue e de plaquetas de dois em dois dias à espera da medula que poderia salvar sua vida. Como a mielodisplasia afeta a produção e o tempo de vida das células do sangue, nosso filho ficou com a imunidade terrivelmente baixa. Os médicos o mantinham isolado em um quarto estéril para evitar contaminação por quaisquer vírus ou bactéria, o que poderia abalar ainda mais sua saúde frágil e até matá-lo. Só David, Maria Eugênia, eu e a equipe médica podíamos dividir o mesmo ambiente com ele. Tínhamos poucas semanas para conseguir. Era um fiapo de tempo. E, ainda assim, era um tempo enorme para nossa esperança em um milagre, para nossa fé.

QUANTO VALE UMA VIDA?
A cada reunião com os médicos, esperávamos o resultado das buscas realizadas pelo Redome. Mas o tempo passava e as respostas não vinham. Um dia, não aguentei mais. Abordei uma pesquisadora da equipe do hospital e perguntei por que razão não recebíamos nem sequer os resultados do Redome, fossem eles positivos ou não. Ela me falou que a instituição demorava mesmo para responder, que era parte do processo. Perguntei se havia se queixado da demora, e ela respondeu, singelamente, que não. Naquele momento, os efeitos calmantes da meditação evaporaram: perdi o controle, escandalizado ao entender que o caso do meu filho não era uma prioridade. Ele tinha poucas semanas de esperança de vida, e tanto o Redome quanto os médicos encarregados de pesquisar a medula apenas seguiam sua rotina, sem pressa, sem urgência.

Eu estava em estado de choque, não só por meu filho, mas por causa DO POUCO VALOR DA VIDA. Existia uma chance pequena de salvar uma criança da morte, mas me parecia que a equipe não se interessava por aquela chance, apesar de me dizerem o tempo todo que eu deveria confiar. Em quê? Em quem? Do ponto de vista da medicina, os médicos cumpriam sua missão, mas não olhavam para a urgência no processo de achar uma medula compatível.

Me senti traído e revoltado diante do que me pareceu, na época, uma atitude passiva de nossos médicos e também do Redome. Diante de todos os médicos, questionei a pesquisadora: "E a vida de meu filho, de um ser humano? Eu queria acordá-los, mostrar-lhes a verdade, mas parecia que não tocava ninguém. Indignado, falei: "Vocês pediram nossa confiança, mas o que fazem dela?" Imediatamente o chefe dela respondeu: "Eu me responsabilizei, todos nos responsabilizamos por ela. Ela fez seu trabalho". Os médicos se fechavam em um grande silêncio. Eu sentia um peso enorme sobre suas cabeças, um peso que paralisava o bom senso de cada um. O peso era simplesmente o medo da hierarquia e de mexer com algo já etiquetado, instalado, rígido. Esse algo era a rotina, o procedimento aprovado.

Eu não queria que meu filho fosse visto como um procedimento, mas como um ser humano. Cada um de nós tem a própria história, e nenhuma se parece com outra. Eu vinha perturbar a dinâmica institucional de um serviço hospitalar e, conjuntamente, a mente de seus funcionários. Deixei de ser bem-vindo porque não confiava mais cegamente. Veio então a punição: eu não tinha o direito de ver os e-mails trocados entre o hospital onde estávamos e o Redome. A censura vinha para me mostrar quem tinha o poder e para tentar limitar minha liberdade de ação. Mas quando você não sabe se seu filho sobreviverá e, por consequência, se você sobreviverá, o medo desaparece. Olhei para o grupo reunido e continuei: "A partir de agora quero saber de tudo o que está acontecendo. Quero verificar as informações e quero as cópias dos e-mails trocados entre o Redome e vocês". O chefe da médica que havia se tornado alvo de minha indignação respondeu que isso não era legal; não poderia divulgar as conversas entre a equipe e a instituição publicamente. Respondi: "Eu não sou o público, sou o pai de Tancrède e, acreditem em mim, farei tudo para saber a verdade. Quero esses e-mails".

Eu estava revoltado; nem sequer tinha o direito de saber oficialmente do avanço das pesquisas! O poder queria mostrar suas garras, mas aquela equipe ainda não me conhecia. O médico-chefe falou que tinha o maior respeito pelo Redome, e que o sistema havia melhorado muito. Falou ainda de sua confiança no trabalho dos responsáveis.

Sou muito grato a todos os médicos que cuidaram de Tancrède, e sempre serei. Meu amor e minha admiração por eles, hoje, não têm limites. Mas, quando a verdade pode transformar um sistema perigoso para a vida humana, será que o sentimento deveria entrar no jogo? Ou será que é meu dever dizer a eles: "O seu trabalho é sagrado. Porém, nunca mais desprezem a chance de salvar alguém instalando-se em sua zona de conforto; na famosa rotina. Eu me pergunto, hoje, quantas pessoas morreram por causa da rotina. E vocês já sabem que, na vida ou na morte, não há conforto – mas uma corrida onde nada pode ser deixado de lado".

OFERENDA
Eu precisava agir, e rápido.

Não tinha nada a perder. Se os seres humanos ainda precisavam de um menino doente para desenvolver sua capacidade de amar e demonstrar esse amor, eu estava lhes oferecendo esse menino.

A alternativa mais abrangente me pareceu ser, desde o início, apelar às redes sociais e à mídia. E assim o movimento começou. Alertei os amigos, os alunos de nossos cursos no Centro de Evolução do Ser, os clientes, os vizinhos, que por sua vez alertaram também os amigos, os vizinhos e todos ao redor. Mas foi dentro da escola do meu filho, graças a um grupo poderoso de mães, que o movimento se tornou mais ativo. Sharon, Bibe, Tata, Samantha e muitas outras mães trabalharam incansavelmente para incentivar os cadastros de medula e as pesquisas. Integraram um movimento imenso de amor e solidariedade para salvar nosso Tancrède. Uma chama nasceu no coração de cada pessoa, criando um imenso fogo pleno de luz que alcançou o planeta inteiro – até na Indonésia, onde nasceu um grupo de apoio. Uma corrente verdadeira que envolveu a todos que se somavam ao processo, criando uma frequência de cura!

A cada um, pedíamos, além do amor e da solidariedade, uma providência bem prática: procurar o Hemocentro da Santa Casa de Misericórdia, em São Paulo, ou o mais próximo de sua casa, em qualquer região do país ou fora dele, e doar sangue para fazer o teste de compatibilidade. Qualquer pessoa entre 18 e 55 anos podia fazê-lo. Fomos às televisões, demos dezenas de entrevistas a canais diversos, revistas, jornais, sites, blogs. Tão reservados até então, David e eu expusemos nossa vida pessoal e familiar em nome da salvação de nosso filho. Houve quem nos acusasse de explorar a doença de Tancrède para obter o máximo de publicidade para o caso. Mas publicidade para quê? Não conseguíamos entender essa crítica. Nosso filho estava morrendo. Tudo que podíamos fazer era pedir ajuda e levar nosso apelo ao máximo possível de pessoas. Por que não o faríamos? Em nome de uma inútil privacidade? De um pudor sem sentido?

Nosso grito de socorro trouxe uma repercussão que nunca teríamos imaginado. Muitas celebridades brasileiras se comoveram com a luta de Tancrède pela vida. Dois jogadores de futebol muito influentes – Kaká, que foi do São Paulo Futebol Clube, do Milan e do Real Madrid, e Neymar, astro que deixou o Santos Futebol Clube para jogar no Barcelona – fizeram apelos públicos para que as pessoas se dirigissem ao Hemocentro. Não os conhecíamos, mas a gratidão inundava nossos corações a cada gesto. Outra personalidade, a ex-modelo e apresentadora Isabella Fiorentino, conclamou seus seguidores numa rede social a fazer o teste. Isabella contou ter perdido um irmão de 15 anos para a leucemia. A história de Tancrède lhe trouxe memórias sofridas, e ela se mostrou generosa para conosco.

Até nosso apelo público, o Hemocentro da Santa Casa de Misericórdia de São Paulo, que concentra as doações de medula óssea na cidade, recebia, em média, 20 pessoas interessadas em fazer o cadastramento por dia. A partir de 14 de abril de 2015, quando nossa campanha pelas redes sociais ganhou força, esse número saltou para cerca de 300. Aos sábados, dias sempre mais concorridos, em vez da média habitual de 100 cadastros, quase 500 novos doadores passaram pelo Hemocentro. Um dia, chegou a ter mil! Muitas dessas pessoas não sabiam, mas, ao se cadastrar e fazer o teste de compatibilidade, elas poderiam não apenas ajudar Tancrède, mas qualquer paciente que necessitasse de um transplante. As informações são públicas e ficam disponíveis para todos os centros médicos do país. Foi uma mobilização linda, que nos emocionou profundamente. O milagre estava se materializando.

De sua cama no hospital, Tancrède via a procissão de gente inundando o Hemocentro graças a nosso pedido de socorro. Creio que nosso filho se sentiu amado e que essa onda de energia positiva contribuiu intensamente para mantê-lo firme na sua luta de todo dia contra o sofrimento e a doença. Muitas famílias que também esperavam uma medula compatível para seus entes queridos nos procuraram, com gratidão e esperança; para elas, igualmente, as chances de cura aumentavam à medida que cresciam as filas de cadastramento no Hemocentro. No entanto, duas semanas depois, ainda não havíamos encontrado uma medula compatível. Nosso desespero aumentava a cada hora.

No Hemocentro, após os primeiros dias, passamos a sentir que algo estava mudando, e para pior. Pouco equipado para receber tanta gente querendo se cadastrar e sem recursos para custear os testes – cada kit, soubemos depois, custava no Brasil o dobro do preço praticado na Europa, por razões que nunca descobri –, o Hemocentro dava sinais de cansaço. Havia evidências de que não queriam gastar o necessário para receber tantos doadores. Eu ligava todos os dias, cobrando, exasperando funcionários e diretores com minha indignação e meu imenso medo de que meu filho não suportasse a espera.

Pior ainda: começaram a chegar até nós relatos de pessoas que tinham tentado se cadastrar no Hemocentro mencionando o nome de Tancrède; chegando lá, diziam-nos, eram dispensadas sob a alegação de que nosso filho já tinha encontrado uma medula 100% compatível – o que não era verdade.

Mais tarde, compreendemos que o problema era outro: uma portaria editada pelo Ministério da Saúde limitava o número de cadastros voluntários no sistema. Entramos então com uma ação, movida por nossa advogada, Marina Magalhães, na qual conseguimos uma liminar que derrubou a tal portaria. Isso obrigou a Santa Casa a receber todos que viessem oferecer a medula para Tancrède. A mídia estava conosco, e as instituições tremiam diante do barulho que nos revelamos capazes de fazer.

Além de ser uma grande advogada, Marina é uma grande amiga. Porém, não foi em nome da nossa amizade que não nos cobrou nada: foi em nome da justiça para todos e, em particular, para que as pessoas com leucemia não sejam vítimas de um sistema político corrupto e injusto. Marina luta pela vida porque sabe que a vida é sagrada.

CORRENTE DO BEM

A notícia da doença de Tancrède havia abalado a comunidade da escola onde ele estudava, em São Paulo. Samantha Muller, uma dessas mães, teve um papel fundamental. Mãe de quatro filhos, grávida do quinto, casada com um empresário bem-sucedido e dona de um coração gentil e generoso, ofereceu-se para cadastrar Tancrède em bancos de medula de outros países, na tentativa de aumentar as chances de cura de nosso filho. A princípio, agradeci e disse não ser necessário. Estava confiante no trabalho do Redome e dos médicos brasileiros. Quando, porém, entendi que as instituições não atendiam à minha urgência, liberei-a para ir em frente com as tratativas para inscrever Tancrède. Samantha também praticamente se instalou na sede do Redome, buscando informações sobre os resultados dos testes e pressionando a equipe tanto do Redome quando do Hospital Albert Einstein quando os ânimos se abatiam. Passou a me acompanhar nas reuniões com os médicos e, com sua diplomacia inata, completou o esquema energético entre o paciente, a família do paciente e a equipe clínica que nos atendia. Quando eu estava desesperado demais, horrorizado demais, exasperado demais, vinha Samantha, firme e gentil, e obtinha as informações de que precisávamos. Mesmo hoje, passada a tempestade, Samantha continua ajudando outras famílias que recorrem ao Redome. Acredito que, com esse trabalho, ela encontrou seu propósito de vida.

Sharon, Tata e Bibe coordenavam as caravanas de ônibus que levavam voluntários ao Hemocentro, estimulando as doações e colaborando não apenas conosco, mas com todas as famílias que esperavam – talvez ainda esperem – pelo pequeno milagre que é o anúncio de um doador compatível. Desenvolviam toda a divulgação através das redes sociais e de suas relações pessoais e profissionais. Fizeram um trabalho dedicado inteiramente à vida de Tancrède.

Por meio dessas três mulheres maravilhosas, agradeço a todas as mães que nos apoiaram nesse momento terrível.

Elas estavam preparando o terreno para que nosso milagre acontecesse.

Nova York, 2003

GRAVIDEZ

Onze anos antes, havia recebido a notícia de um milagre.

Estava em Nova York, com João, quando a notícia espocou feito fogos de artifício.

Tínhamos acabado de sair do famoso restaurante Cipriani e, na frente do Rockefeller Center, esperávamos o sinal ficar vermelho para atravessar a 5ª Avenida. Nunca mais vou esquecer. Era um dia bonito, frio e seco. Quando pisei na avenida, o telefone celular tocou. Era uma ligação de San Diego. Dei dois passos para trás, voltando para a calçada. João me seguiu.

Precisei de alguns segundos para me dar conta do que estava acontecendo. Meu coração batia feito uma britadeira dentro da minha caixa torácica. Meu bebê estava lá, finalmente... Tricia estava grávida!

Abri os braços e levantei a cabeça para o céu. Gritei: "SIIIIIIM...!" Nem reparei nas pessoas ao meu redor, preocupadas com minha reação descontrolada. Eu estava feliz, extasiado porque tinha dividido minha vida: um ser novo estava para vir e eu nunca mais estaria sozinho. Eu me sentia um homem pela primeira vez, porque tinha sido capaz de dar a vida. A partir desse momento, passei a telefonar para Tricia duas ou três vezes por semana para saber se estava tudo bem. Esperava as fotos com impaciência. Tremia de alegria quando a correspondência chegava.

Cada informação adicional sobre meu pequenino assumia proporções desmedidas. Eu me perguntava como conseguia me manter calmo e tocar a vida. O tempo parecia interminável. Tinha comprado todos os livros relativos a gravidez e, cada noite, olhava para a foto que correspondesse exatamente àquele dia da gestação. Sabia tudo: o momento em que os dedos se formavam, o fígado, os ossos, as unhas, os olhos! Estava completamente envolvido na concepção de cada órgão, membro, mucosa, fio capilar... Mil detalhes intra ou extracorporais que constituíam a vida dele e que construíam a minha!

Tancrède crescia em segredo. Minha criança secreta era linda. Ele era a minha alma sagrada. Meu segredo era meu bebê mágico, criado por fadas e pelo desejo, pela vontade, pela ciência. Meu segredo era meu bebê de amor.

Quando o primeiro exame de ultrassonografia me foi enviado, passei horas explorando os contornos quase inidentificáveis do meu pequeno. Eu era capaz de imaginar o desenho de seu rosto entre duas ondas que o ultrassom tinha projetado sobre o papel. Era capaz de apreender o tamanho de seus membros, apesar de eles ainda nem estarem prontos. Era capaz de avaliar seu caráter por meio das expressões que acreditava identificar no meio dos halos fantasmagóricos da impressão! "Minha" ultrassonografia não saía mais do bolso. Eu a contemplava o tempo todo.

Chegou o dia em que, se fosse possível visualizar, eu saberia o sexo do meu filho. Fiquei grudado ao telefone. Tentei falar com Tricia 20 vezes; ela deveria ter voltado para casa no meio da tarde; por que não atendia? A consulta com o ginecologista tinha sido marcada havia muito tempo, e eu esperava por esse momento com grande nervosismo.

Torcia por um menino. Claro que ficaria louco de felicidade se fosse pai de uma menininha, mas estava convencido de que ter um menino tornaria tudo mais fácil para ele, principalmente na adolescência. Tinha me informado muito sobre o assunto nos dez anos que precederam a chegada de Tancrède. E Freud não era um estranho em minha casa, já que minha mãe é psicóloga. Não queria que meu filho sofresse por ter um pai ausente no momento em que se tornasse um homem, na adolescência. Tinha entendido pelos livros que nesse período o menino necessita do amor de seu pai para crescer com segurança. No entanto, tinha vivido o abandono e a violência por parte de meu pai e sofria com essa falta de amor, que tinha criado dentro de mim um vazio e uma barreira intransponível entre ele e mim. Nunca tinha conseguido me identificar com meu pai ou com qualquer referência paterna. Sentia falta de um homem cuja energia feminina pudesse trazer amor suficiente para minha sobrevivência, e cuja energia masculina me permitisse acreditar no meu poder pessoal de criar equilíbrio em minha vida.

Quando Tricia finalmente respondeu aos numerosos recados que tinha deixado, eu estava em casa, no meio de uma reunião com uma senhora muito formal. Evidentemente, ela ignorava minha história por completo.

Finalmente, Tricia anunciou: era um menininho! Minha reação foi imediata: me desmanchei em soluços!

Poucas vezes chorei de alegria na vida, mas aquelas lágrimas eram de alegria pura, e aquilo foi só o começo. Elas se derramavam sem parar, e me abandonei nelas, largado sobre o tapete vermelho. Incapaz de permanecer em pé, foi de joelhos que tentei explicar à senhora à minha frente a razão da minha emoção. Eu tentava, de todas as maneiras, articular palavras. Ao ver que nenhum som saía da minha boca, ela ficou nervosa. Tentei acalmá-la, em vão. Terminei por articular, como muita dificuldade: "É um menino, é um menino!"

Por saber que eu era homossexual, ela ficou sem entender nada. Quando o choque passou, respondeu, visivelmente comovida com a minha reação: "Nunca me confrontei com este tipo de situação. O senhor parece tão feliz, é o mínimo que se pode dizer. Essa criança com toda certeza foi muito desejada".

PERIGO
Nos meses que se seguiram, eu contava os dias que faltavam para ele estar totalmente formado. Sabia que, se nascesse com 28 sema-

nas, tinha chance de sobreviver.

Mas eis que, quando Tricia estava com 27 semanas e meia de gestação, recebi a ligação do hospital. Eu estava em meio a uma mudança de casa, rodeado de caixas e meio aturdido, mas compreendi que a bolsa tinha estourado e que Tricia iria dar à luz. Entendi também que meu filho corria perigo. De maneira cruel, essa foi a única coisa que me veio à mente de imediato – apesar de ter ficado sabendo, alguns minutos depois, que Tricia estava bem.

No dia seguinte, ao amanhecer, tomei um avião para San Diego.

San Diego, 2004

PRIMEIRA VISITA
Do aeroporto, fui imediatamente para o hospital militar onde Tricia e meu bebê estavam internados. Era um hospital muito moderno, muito confortável.

Quando entrei no quarto, Tricia estava recostada em travesseiros, ligada a máquinas e fios que transmitiam todas as informações a respeito do nosso bebê; eram como cordões umbilicais que o conectavam à vida terrestre.

A impressão que aquele encontro me causou até hoje não está clara no meu espírito. Talvez porque seja difícil admitir o egoísmo das minhas prioridades naquele momento. Tinha visto Tricia duas vezes, alguns meses antes, e ela estava bem diferente. Nela, só enxergava meu bebê: ela era sua armadura, seu envelope; ela só estava lá por causa dele, era ele aos meus olhos. Um sentimento de vergonha se instalou em mim. Era Tricia que me oferecia um filho, mas eu só pensava nele.

Durante duas semanas, meu pequeno lutou para viver, quase sem líquido amniótico. Cada dia era um combate, cada dia contava. Um bebê de 29 semanas de gestação corre perigo muito grande. Um bebê de 29 semanas e meia corre grande perigo. Era o "muito" que fazia toda a diferença!

ÚLTIMA VISITA ANTES DO NASCIMENTO
13 de maio de 2004

Entrei no quarto de Tricia e a encontrei sentada em uma poltrona, triste. Acanhado, tentei reconfortá-la. Ela sentia falta dos filhos. Tinha acabado de saber que estava com o diabetes característico das mulheres grávidas e fora submetida a uma dieta rigorosa. Conversamos. Tentei encontrar assuntos que pudessem interessá-la, sem sucesso. "Preciso pensar menos", ela me diz. "Tenho sentimentos demais." Será que é possível ter sentimentos demais?, eu me pergunto.

Ann, a melhor amiga dela, chegou para lhe dar apoio, como fazia quase todos os dias. Foi ela quem levou Tricia até a aventura de gestar meu filho. No corredor, Ann me faz perguntas a respeito da saúde de Tricia. Naturalmente, disse tudo que sabia. Ela não perguntou sobre o bebê, o que me surpreendeu.

Eu disse a Tricia que poderia buscar seus filhos em casa e levá-los ao hospital, se ela quisesse. Não aconteceu porque não deu tempo; Tancrède nasceria no dia seguinte. No fundo, acredito que sentia culpa por roubar uma mãe de seus filhos. Eu me sentia também egoísta.

Mais tarde, Ann me disse: "Uma pessoa que se propõe a gerar o filho de outra sabe que está expondo sua vida familiar. Faz parte do jogo". Isso me tocou; acho que estava precisando ouvir essas palavras. Ann tinha sido *surrogate* (barriga de aluguel) duas vezes e estava muito orgulhosa disso. Tinha assumido plenamente a missão escolhida. Ann entendia a minha preocupação. Inconscientemente, eu procurava um apoio. E Ann representava o mundo exterior para mim. Já fazia dez dias que eu estava sozinho em San Diego, em um país que não era o meu, e já sentia saudade da convivência humana.

Cada vez que eu ia ao hospital, a impaciência de Tricia me enchia de culpa e de inquietação. "Hoje, os bebês que nascem nesse ponto da gravidez já sobrevivem", ela me disse. Imediatamente pedi para falar com os médicos. Eles me afirmaram que a saúde do bebê nesse estágio da gestação é precária, e que a sobrevivência não é certa. Recorri à assistente social da Unidade de Terapia Intensiva da Neonatologia. Ela informou Tricia sobre as consequências de um parto muito prematuro e também falou com os médicos.

Meu filho havia estabelecido uma cumplicidade entre mim e Tricia, e eu queria protegê-la, mas Tancrède era a minha prioridade.

Nossa conexão ia bem além de uma relação pai-filho, e o futuro confirmaria isso 11 anos depois. Não era por acaso que Tancrède tinha me levado até aquele lugar. Compreendi que também tinha uma missão para com ela, independentemente dele.

O PARTO
14 de maio de 2004
Naquela manhã, quando eu estava no chuveiro, o telefone começou a tocar com insistência. A ampulheta havia sido virada e o tempo começava a escoar: Tricia tinha começado a sentir as contrações que anunciavam o nascimento do meu filho. Fui correndo para o hospital.

Tricia já estava na sala de preparo, e sofria: sentia medo. Segurei a mão dela. Durante seis horas, compartilhei sua apreensão e seu sofrimento. O marido dela chegou um pouco antes do parto em si. Ele estava mais sereno – eu diria até descontraído demais. Embora não deixasse meus sentimentos transparecerem, estava com tanto medo quanto ela.

Um grande corredor vazio, branco e brilhante conduzia à sala de parto. Levaram Tricia para lá e eu me posicionei às portas do templo dos milagres. Desde meus 15 anos, quando vi um filme sobre nascimento no colégio, tinha o sonho de assistir a um parto. Já fazia meses que Tricia tinha autorizado minha presença. No último momento, porém, a porta se fechou na minha frente. Tricia não aceitava mais minha presença. Me entreguei, mesmo sabendo que não seria a primeira pessoa sobre quem Tancrède pousaria seu olhar. Porém, minha prioridade era outra. Eu era pai, e a vida de meu filho era agora a minha vida. Aquele espaço ressoava com o menor som. Um enfermeiro me abordou: "O senhor não pode ficar aqui". "Não saio daqui", foram as únicas palavras que saíram dos meus lábios.

Fiquei lá esperando, em pé, impaciente. Não pensava em nada. Meu espírito estava totalmente ausente. Uma ou duas pessoas passaram por mim e falaram comigo. Não escutei nem respondi; elas não existiam, eu não existia. Estava parado no tempo, como se precisasse morrer um pouco para que meu filho ganhasse vida.

Quarenta minutos depois, às 15h40, meu bebezinho apareceu, todo cor de rosa, no carrinho transparente empurrado por uma senhora gorda que se esforçava para parecer educada.

Tancrède tinha nascido às 15h20.

Ele se contorcia, mas não chorava. Estava com os olhos fechados e era magnífico. Eu sorria, em êxtase. Meu olhar tinha se soldado a seu rosto. Uma lágrima deslizou tranquila pela minha bochecha. A senhora sugeriu que eu pegasse na mão dele: "Não, não quero estragá-lo, agora não..." Eu queria estar pronto para acariciá-lo. Queria que nosso primeiro contato físico fosse sagrado. Ela se afastou empurrando o berço transparente e desapareceu atrás de duas grandes portas automáticas.

Do outro lado ficava o mistério. O que será que acontecia atrás daquelas portas cujo acesso me tinha sido negado?

Os médicos me avisaram que eu teria de esperar entre 20 e 40 minutos para vê-lo. Mas a espera só fazia se prolongar, e os minutos se tornavam intermináveis. Será que estavam escondendo alguma coisa de mim? Exigi ver meu filho, mas duas horas e meia se passaram até que me levassem a ele. Nesse meio-tempo, meu bebê tão lindo tinha ficado todo vermelho, inchado, e agora sofria, conectado a tubos e fios de todos os tipos – no total, eram 13. Eu não enxergava sua boca, encoberta por um respirador artificial, nem seus olhos, escondidos por uma máscara. Fiquei destruído pela dor de vê-lo naquele estado.

Anos mais tarde, uma dor semelhante voltaria a me consumir e eu me lembraria daquela tarde. A história se repetiria...

São Paulo, 2015

BULLYING

Tancrède soube da intensa mobilização na escola e isso o encheu de alegria. Sentia-se grato; porém, de certa forma, mantinha um pé atrás. Alguns dias depois de ficar sabendo da doença, ele confessou a Maria Eugênia que havia anos vinha sofrendo de *bullying* na escola. Nosso filho nunca havia falado sobre isso conosco, e ficamos, evidentemente, surpresos e furiosos.

Em casa, conversamos sempre, e com muita naturalidade, sobre o fato de sermos gays e de nossos filhos não terem convívio com uma mãe. Nosso objetivo é desmistificar o assunto para que Tancrède e Elzear jamais se sintam socialmente apartados. De tempos em tempos, eu perguntava a meus dois filhos se sofriam por não ter mãe, e sempre a resposta era a mesma: "Mais ou menos, mas somos tão felizes de ter dois pais", e vinham nos abraçar. Como se a missão deles fosse nos tranquilizar.

Tancrède já tinha encontros com uma psicóloga da escola, mas nunca chegou até nós qualquer sinal de carência com respeito ao afeto maternal, e ainda menos de problemas de relacionamento.

Logo que soubemos da doença de nosso filho, tentamos entender a raiz emocional do que vinha acontecendo com ele. Sabíamos já que toda doença tem uma causa que vem do passado, da primeira infância até a adolescência, e às vezes no estado adulto. Como Tancrède não tinha confiado nada a sua psicóloga habitual, nossa irmã, Maria Eugênia, se propôs a atendê-lo e ele aceitou. Das várias "mães" que Tancrède e Elzear consideram que têm, talvez Maria Eugênia seja a mais importante. Passaram a se encontrar regularmente, ela "acumulando" as funções de "mãe" e terapeuta.

Um dia, após uma sessão, Maria Eugênia tinha uma expressão diferente no rosto. Pediu que nos encontrássemos reservadamente e, depois de uma pausa cheia de significado, começou a falar: "Recebi permissão de Tancrède para repetir a nossa conversa para vocês. Ele disse que há anos é visto na escola como uma criança diferente. Está sofrendo de isolamento, agressividade e até violência física". Estávamos, David e eu, em estado de choque. Minha única vontade era abraçar meu filho o mais forte que pudesse, repetindo sem parar: "Perdão, perdão, perdão, meu bebê. Eu não sabia".

Eu mesmo tinha sofrido *bullying* durante anos na minha infância, mas na época a questão não era tão escancarada quanto hoje. A escola de Tancrède estava alerta e organizava até mesmo palestras sobre o assunto. Quando mais tarde eu me informei sobre a questão do *bullying* das crianças, tornou-se difícil entender como a escola não tinha reparado em nada.

A raiva começou a crescer imediatamente dentro de mim; na mesma hora soube que tudo vinha dos pais daquelas crianças. Eu sofrera tanto para ser aceito como era, e meus filhos, ou assim me parecia naquele momento, também teriam que sofrer porque eu tinha uma sexualidade diferente. Aquele sofrimento era como uma maldição que passava de uma geração para outra.

Quando soubemos sobre o *bullying*, perguntamos a Tancrède por que havia silenciado sobre um assunto tão grave. A resposta foi igualmente estarrecedora: nosso filho temia que eu, imbuído de meu espírito de guerreiro, fosse à escola tomar satisfação – o que eu de fato teria feito – e achava que isso poderia piorar tudo. Quando Tancrède nasceu, eu fui um guerreiro. Sozinho com meu bebê e rejeitado pela sociedade, sempre reivindiquei minha paternidade, nunca minha homossexualidade. Pressionado por David e por mim, ele confessou que também não havia nos contado para não nos ferir. Tancrède sabia que era uma agressão contra ele, mas contra nós também, e isso o machucava profundamente. A ideia de que seus pais eram agredidos por serem gays era inaceitável para nosso filho.

Nesse dia, olhei dentro dos olhos de Tancrède e disse a ele: "Meu filho, não estou ferido. Sou gay. Não tenho orgulho nem vergonha disso. É como sou. Gay é um homem que está casado com outro homem ou uma mulher casada com outra mulher; é apenas um estado. Olhe bem para nós. Não somos diferentes de ninguém, mas é mais raro ver dois homens juntos do que um homem com uma mulher. Como as pessoas não estão acostumadas, para elas é tão diferente que dá medo. E esse medo gera preconceito, como contra os negros e os deficientes. No entanto, somos apenas seres humanos. A única diferença é que fazemos parte de uma minoria".

Também tentamos mostrar a nosso filho que as crianças apenas reproduziam na escola o que ouviam em casa, portanto mereciam um crédito, um voto de confiança. Não significava que pensassem daquela maneira, mas era essa a referência que tinham, talvez a única. Tancrède ficou feliz com a explicação, mas dois eventos perturbaram a tranquilidade que ele acabara de adquirir.

A certa altura, e durante um tempo, recebemos em nossa casa um menino vindo da Bahia, a quem tentamos adotar sem sucesso, nosso querido Fred. Uma tarde, brincavam em nossa casa Tancrède, Fred e um amigo da escola, e esse amigo tirou uma foto na qual, por uma questão de ângulo, aparentemente Tancrède tocava o sexo de Fred. Essa foto circulou entre os amigos de Tancrède e o colocou em uma situação de grande humilhação. Quando soube, fui à escola e denunciei o garoto que tinha agido de má-fé. A direção da escola convocou o menino, que confessou o malfeito e pediu desculpas. Isso tudo ocorreu com Tancrède já internado, mas, quando contei a ele sobre o pedido de desculpas do colega, nosso filho demonstrou apenas raiva. Ele não acreditava na sinceridade do colega.

Esse foi o primeiro acontecimento forte.

O segundo evento também ocorreu durante a internação. Certo dia, recebemos uma caixa enorme com mil *tsurus*, pássaros de origami que, segundo a lenda, atraem boa sorte. Os remetentes eram três crianças da mesma família, colegas da escola. Enquanto eu comentava a gentileza dessa família, Tancrède me interrompeu, em prantos. "Quando eu estava na escola, *daddy* (é assim que me chama desde sempre, com a tônica no "dy"), eles pediam para os colegas não falarem comigo porque sou filho de gays. Um dos meninos me chutava no futebol. Eles foram maus comigo." Mais tarde, tive oportunidade de mencionar o relato de nosso filho em conversa com essa mãe e, para minha surpresa, vi escrito em uma mensagem em seu Facebook: "Uma família formada por um homem e uma mulher é abençoada por Deus". E que, embora não nos considerasse "abençoados por Deus", ela orava por nós.

VOMITAR A RAIVA
É de incoerências como essa que nasce a homofobia.

Lembrei-me de uma estatística que um amigo me enviara recentemente dando conta de números aterradores: no Brasil, a cada 27 horas um homossexual sofre morte violenta. Quanto medo deve haver dentro desses criminosos para chegar a matar pessoas que nem conhecem. Quanta carência, quanta falta de reconhecimento. A violência vem sempre de uma falta de amor tão grande na infância que o ser humano acaba por não amar a si mesmo. E projeta essa autodestruição sobre os outros. É preciso expressar a raiva e buscar caminhos saudáveis para conviver com ela. Do contrário, ela se volta contra o espírito que a abriga. Toma o controle. Tragédias acontecem assim.

Tancrède nunca expressou sua raiva. Nem quando se sentiu rejeitado pela mulher que o gestou, quando se sentiu mal-amado porque nosso olhar não estava dirigido apenas para ele, mas também para seu irmão recém-nascido nem quando, de novo, foi discriminado por seus amigos de escola por ser filho de gays. Tancrède se proibia de falar sobre o *bullying* para não nos machucar. Tinha medo de que nos sentíssemos rejeitados pelas famílias da escola e ficou de boca fechada, engolindo a própria raiva. Assim, por vezes ele se mostrava agressivo com o irmão, que virou seu saco de pancadas preferido, mas não foi suficiente. Suas células gravaram seu desespero desde o nascimento até a chegada do irmão, e mais ainda na escola. Seu corpo, sem forças para reagir, deixou-se envenenar pelas emoções negativas que vinham de fora e encontravam eco dentro de nosso filho. Assim a leucemia invadiu Tancrède.

Diante da revelação de Maria Eugênia, as lágrimas invadiram meu coração e meu corpo inteiro. Naquele momento, não queria mais ouvir ninguém nem falar com ninguém. Queria, apenas, mergulhar no meu sofrimento e tentar afastar a culpa descabida que às vezes me preenchia por ter nascido homossexual e ter desejado ser pai. Por tudo isso ter se tornado natural em minha vida. E, ao se tornar natural para mim, pode se tornar igualmente natural para qualquer ser humano, porque, antes de ser homem ou mulher, branco ou negro, homossexual ou heterossexual, rico ou pobre, somos apenas seres humanos. Eu já tinha essa consciência. Hoje, quando encontro qualquer pessoa, o que me interessa é sua presença, a qualidade da nossa relação; o resto é apenas ilusão.

Eu não tinha escolhido minha condição sexual. Por que escolher um destino que transformaria minha família – pais e irmãos – em meus inimigos, ou faria de mim um pária da sociedade?

Nos dias seguintes, queria gritar para todos da escola do meu filho: "Parem! Ao criar essa separação em suas vidas, são seus próprios filhos que vocês estão destruindo! E será cada vez mais difícil para eles descobrir a verdade um dia: somos todos um, o resto não existe, é apenas medo e sofrimento".

Como eu podia alertar os pais da escola para que isso nunca mais acontecesse, nem para Tancrède, nem para Elzear, nem para nenhuma outra criança? Dias de reflexão me trouxeram a resposta: não adiantava buscar culpados, porque, fora do amor, tudo o que existe é medo e sofrimento. Decidi, então, reafirmar minhas convicções e, mesmo em meio ao momento mais intenso da doença de Tancrède, me propus a fazer palestras aonde quer que me convidassem para expandir meu amor a todos. Assim, acabei falando para centenas de pessoas de cada vez em diferentes lugares da cidade – shoppings, teatros, cinemas. Cada semana, uma nova palestra acontecia, uma ocasião para motivar outros seres humanos a amar mais e discriminar menos. Eu sabia que fazia parte da cura do meu filho e da cura de todos. Já considerava como uma doença o fato de julgar o que é diferente. Incentivava as pessoas a descobrir quem elas eram de verdade. Assim, cada vez eu me emocionava como se fosse a primeira. Fazia um esforço gigante para sair do quarto do meu filho e chegar até o palco, mas eu sabia que era o palco da verdade, e que não estava lá para ensinar nada, mas para pedir ajuda. Já tinha compreendido, àquela altura, que a melhor ajuda que Tancrède podia receber era a transformação de mentalidades e padrões de pensamento.

Era meu propósito, e isso fazia parte da cura de Tancrède.

Assim, distribuí meu amor por meio das palavras, testemunhando a história trágica de nosso filho e de nossa família. Dessa missão, fizeram parte as visitas a outras crianças no Instituto de Tratamento do Câncer Infantil, o Itaci, um hospital público ligado à Faculdade de Medicina da Universidade de São Paulo. Ao levar àquelas famílias o relato da nossa jornada com Tancrède, mesmo os pais mais resistentes à particularidade de sermos uma família homoparental mudavam de lado. Descobriam, por meio do sofrimento, que não tinha sentido condenar uma família que estava sofrendo. De repente, o coração deles se abria para a verdade. Naquele momento, representávamos a verdade.

$\approx$

SINAIS TRUNCADOS

Foi assim que o *bullying* e as questões ligadas à homofobia passaram a frequentar nossa vida. Um aprendizado duro, mas importante.

Antes mesmo de adoecer, Tancrède já havia tentado nos revelar o que estava acontecendo, mas eu não soube entender os sinais.

Foi em um de nossos workshops de sete dias.

Estávamos em uma linda fazenda na divisa entre os estados de São Paulo e Minas Gerais, em um retiro com 25 participantes. Sempre que organizávamos eventos como esse, levávamos nossos filhos. Assim eles podiam aproveitar a natureza e, mesmo durante as vivências e caminhadas, tinham liberdade para nos visitar – e às vezes vinham, sempre enriquecendo nossa prática. Naquele workshop, porém, houve algo diferente: Tancrède nos contou que tinha inventado um ritual e gostaria de compartilhá-lo com o grupo. Era a primeira vez que isso acontecia. David e eu ficamos bem surpresos. Nunca tentamos influenciar nossos filhos, apenas falamos de amor e vivemos esse amor em nossa casa, onde, além de nós, vive nossa família escolhida: Jéssica, nossa filha postiça que veio da Bahia, Lena, que cuida de nós com muito carinho durante o dia, e Quena, que nos alimenta. Vivemos sob o reinado dessas três mulheres, em grande harmonia. Não há gritos no nosso lar; às vezes, alguém é chamado a dar explicações, mas sempre em clima de acolhimento e nunca sonegando o amor quando um desacordo acontece. Assim, acreditamos, é mais fácil para nossos filhos entender a essência da vida.

Consultamos os participantes do retiro sobre o desejo de nosso filho e a ideia foi recebida com alegria. No dia marcado, Tancrède entrou na sala de prática, onde tínhamos formado um círculo, todos sentados em cadeiras macias. A sala era muito clara, luminosa, e além das janelas podíamos admirar, da altitude onde estávamos, o teatro gigante da natureza, onde cada montanha tinha seu papel. Parecia que uma delas tinha encolhido os ombros apenas para que os raios de sol pudessem passar e nos despertar ao amanhecer. Era um espetáculo grandioso, mas, quando Tancrède entrou na sala, todos os olhares se dirigiram a ele.

Nosso filho entrou como se nada tivesse acontecido. Estava tranquilo e seguro, e veio se sentar entre David e mim, sem se esquecer de abraçar nossa irmã, Maria Eugênia. Tancrède ficou imóvel por um momento, então olhou para cada um como se ele mesmo estivesse facilitando o workshop. Parecia um mestre. Explicou claramente o ritual. Não se ouvia sequer uma mosca na sala. Ao final da vivência, as pessoas abriram os olhos, várias lágrimas escorrendo. Tancrède recriava seu mundo de dentro para fora, pedindo a cada um que segurasse as mãos dos seus vizinhos. Fechando os olhos, Tancrède projetava energeticamente seu amor para todos, aproveitando o círculo para se sentir unido a cada um e vivendo com o grupo a sua verdade: somos todos um. Eu estava bem orgulhoso do meu filho.

No dia seguinte, Tancrède pediu para nos acompanhar numa caminhada meditativa e começou a conversar conosco sobre os problemas que vinha enfrentando na escola. Contou-nos que, quando falava com seus colegas de classe durante o dia, era comum que não lhe dessem atenção, dizendo estar ocupados. Respondi: "Olhe bem, se você falar com eles quando trabalham, é uma reação normal. É melhor se comunicar com seus amigos no momento do intervalo". Tancrède começou a chorar, dizendo: "Você não entende". Fiquei confuso, pedi mais explicações, mas ele era vago e mantive meu ponto de vista inicial. Sinto hoje que nosso filho não sabia explicar, e me arrependo de, ainda assim, não ter entendido. Estou convencido hoje de que minha falta de compreensão teve um papel em sua introversão, que aconteceu depois. Assim, eu, Luc, o terapeuta famoso que tirou tanta gente da depressão e despertou uma consciência nova no coração de tantas pessoas agora felizes, não soube entender o desespero do meu filho.

San Diego, 2004 | 16 de maio

DOIS DIAS DEPOIS DO NASCIMENTO DE TANCRÈDE

Querida Catherine,

Tancrède parece melhor hoje. A cada dia acho que está mais esperto e não quer me deixar ir embora. Ele me agarrava com a mão que mal consegue dar a volta no meu dedinho. Tiraram de seus olhos a máscara que serve para protegê-los dos raios ultravioleta projetados sobre ele para estabilizar a icterícia. Então ele virou a cabeça na minha direção, como se quisesse falar comigo, mas suas pálpebras não se abriram.

Agora ele reconhece minha voz.

Eu estava muito abatido quando saí do hospital, mas os resultados deste dia são muito positivos. Já estou com saudade dele. Talvez sinta saudade dele para sempre, porque nunca tenho a certeza de vê-lo vivo no dia seguinte – não consigo afastar esse pensamento. Penso: nesta noite, abandonei meu bebê a contragosto, mas, quando o deixei, estava vivo...

Vou percebendo devagar que, mesmo tendo esperado dez anos por meu filho, na condição de pai estou frágil e perturbado. As análises do cérebro não revelam anomalia, de acordo com os resultados que chegaram hoje. Os resultados das análises cromossômicas virão na próxima quarta ou quinta. Essas informações vão alimentando aos poucos minha confiança. Durante a semana, médicos especializados em síndrome de Down devem vir examiná-lo. Como podem achar que meu filho tem um problema mental? Nem ouso pensar nessa possibilidade.

Dei um beijo nele por você hoje. Espero que Jean, seu marido, tenha conseguido se virar sem você no sábado, com o pé imobilizado. Como foi o dia em Washington com seu filho? Você disse a ele que é a madrinha de Tancrède?

Um beijo bem grande,

Luc

18 de maio de 2004

VOCÊ SOBRE MINHA BARRIGA

Hoje, 18 de maio, meu menininho dormiu quase o dia inteiro. Tiraram seu respirador artificial. Quanta alegria de ver sua boca tão delicada; parece uma borboleta. A cola seca que marca seu queixo servia para fixar o respirador, os tubos e os plásticos que o ligavam ao aparelho de sobrevivência. Tirá-la só serviria para fazer com que acordasse.

É um bebê "de verdade", que chora por qualquer coisa. Bem diferente de quando estava sendo torturado na sala de cirurgia para que sua vida fosse salva, período em que mal abria a boca. Quando sente dor, choro por ele e com ele, apenas para aliviá-lo. O esforço que faz para extirpar sua dor é um gasto de energia, portanto, uma perda de calorias, portanto, um perigo para sua vida. É por isso que preciso chorar por ele; ele é minha nova vida, faz dez anos que o espero. Afinal de contas, paguei por minhas lágrimas, posso deixar que elas se derramem.

Foram três tentativas assustadoras de tirar o respirador. Nas duas primeiras, ele pareceu sufocar com a dor, até que resolveu respirar sem a máquina. Ver aquele tubo enorme enfiado na garganta de um bebê era insuportável. Ele estava exausto.

Eu não tinha mais notícias de Tricia e, de certa forma, estava feliz com isso. Era uma sensação horrorosa que, no entanto, não impedia outro sentimento: Tricia tinha escolhido criar um filho dentro do próprio corpo para mim, para nós, e nunca ninguém tinha cumprido um ato de amor desse tamanho para mim. Talvez não exista maior ato de amor.

Por volta das 22h30, finalmente recebi a autorização que esperava havia tanto tempo: poderia acomodar Tancrède sobre minha barriga, no que chamam de "*skin to skin*" , ou "mãe-canguru". Meu filho estava adormecido, praticamente nu, frágil, e parecia delicado como uma libélula. Eu mal sentia seu peso; às vezes, apenas a agitação quase imperceptível de seus dedos minúsculos sobre minha pele. Era impressionante senti-lo encostado em mim daquela forma, tão bem, tão calmo.

Ele abriu os olhos pela primeira vez. Depois de 15 minutos de tentativas, finalmente me observou com um olhar aturdido durante alguns

Finalmente, o toque

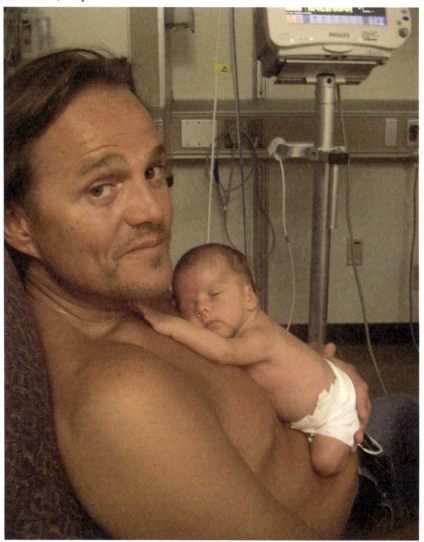

segundos; então, voltou a fechar as pálpebras. Dormiu sobre minha barriga. Apesar das câimbras, não ousei me mexer durante meia hora.

Para mim, a felicidade era aquilo. Não existem palavras para descrever a fusão de nossas duas vidas naquele momento. Era também uma sensação nova – eu estava entrando em outro planeta. Ele era feliz, ele era lindo. Eu colocava a mão bem de leve sobre a cabeça e as costas dele, para não acordá-lo nem escondê-lo por muito tempo da luz fosforescente. Ele continuava tomando banhos de luz azul. Eu acreditava que a cor azul era símbolo de paz, mas para nós dois, naquele momento, ela era o obstáculo. Nossa alma transpunha a barreira, mas nossos olhos estavam cegos.

Naquela noite, ele foi alimentado pela primeira vez por meio de um tubo. No dia seguinte, se tudo corresse bem, seria transferido para outra sala, onde ficam os bebês menos frágeis. Quando fui embora, ele começou a chorar, só para me deixar um pouco mais desesperado. Estava – estou, estarei sempre – louco pelo meu filho.

19 de maio de 2004, 19 horas

MUDANÇA

Tancrède nasceu há cinco dias, três horas e 40 minutos. Ele mudou muito: desabrocha. Que surpresa boa vê-lo hoje em uma incubadora com ar climatizado e iluminação automática – quanta modernidade! Ele está tranquilo. Não posso tocá-lo nem beijá-lo: nosso único contato se dá por meio de duas janelas na lateral envidraçada da incubadora, de onde saem luvas de plástico. Preciso torcer o pescoço e as articulações para tentar encostar nele ao enfiar as mãos nas luvas.

Tancrède continua recebendo oxigênio por meio de um tubo que chega até o fundo de suas narinas. Um médico disse que a boca dele era pequena demais para um dia poder se alimentar normalmente. Esse médico não me parece nada simpático; aliás, é o mesmo que suspeita da síndrome de Down.

Tancrède acaba de se esquecer de respirar. Nesse momento, todos os alarmes disparam, as telas enlouquecem, as enfermeiras gritam alguma coisa em inglês para mim, mas não entendo. Entro em pânico. Um médico finalmente realiza uma intervenção e as máquinas retornam à normalidade. Elas me explicam qual é o procedimento caso a situação se repita: dar tapinhas no bumbum dele para estimulá-lo e fazer com que se lembre de respirar. As enfermeiras dizem que isso é algo muito comum entre os prematuros, e que esse simples gesto basta. Eu, na verdade, não entendi muito bem o que aconteceu. Será que é grave?

Também hoje tiraram um cateter que estava preso a seu pulso. Ele começou a se agitar; com as duas mãos procurava meus dedos para se agarrar.

19 de maio de 2004, 1 hora da manhã

CENA NOTURNA NO HOSPITAL

Estou perto dele, ao lado de sua caixa transparente, onde ele parece se sentir bem.

Devagar, começo a compreender o que aconteceu no dia em que ele nasceu. Tudo que não fui capaz de enxergar naquele momento de pânico. Pouco a pouco, enfermeiros e terapeutas me oferecem fragmentos de informação que vão compondo um quadro completo e preciso. Depois de ter lutado duas semanas para sobreviver dentro da barriga de Tricia, Tancrède perdeu todas as forças. Ao nascer, seus pulmões ainda não estavam maduros e meu filho não respirava. Era necessário obrigá-lo a respirar, por qualquer meio possível. Esse foi o principal trabalho dos médicos. Durante duas horas e meia, fizeram de tudo para que meu filho respirasse, para que vivesse – são nossos salvadores. Aquelas duas horas e meia foram provavelmente as mais longas da minha vida, duas horas e meia de espera infernal antes de voltar a ver meu bebê.

Durante esse tempo interminável, pensamentos desordenados atravessavam meu espírito e formigamentos percorriam meu corpo do alto da cabeça até os pés. Já não tinha mais noção de quem era, do tempo, das pessoas (exatamente como anos depois, quando os médicos me preparavam para a morte de Tancrède). Durante aquelas duas horas e meia, estava em outro mundo e os valores daqui foram esquecidos, apagados, como se não tivessem jamais existido. Minha única preocupação era com a sobrevivência de meu filho. Naquele instante, eu estava mergulhado no essencial. Era Tancrède que tinha se transformado em mim, apesar de eu ainda nem o conhecer.

Escrevo estas palavras no dia 19 de maio de 2004. Meu Tancrède tem cinco dias e sete horas.

Chega outro bebê, que tem apenas alguns segundos de vida. Ele é acomodado ao nosso lado. Todo mundo está atarantado. O bebê tem 28 semanas e dois dias de gestação – quase como o meu. Os médicos e as enfermeiras se precipitam, umas cinco pessoas o examinam apressadas. As vozes secas e cortantes quebram a suavidade da atmosfera noturna. Não entendo tudo, mas pego algumas frases: "É menino ou menina?"; "Qual é o nome?" Alguém responde: Daniel. Anunciam seu peso em voz alta, depois o silêncio volta a se instalar. Ouço estalos de luvas elásticas, a fricção de invólucros plásticos que se rompem para oferecer seringas e cateteres. Imagino Tancrède na mesma situação, cinco dias antes. Passa um pouco de tempo e escuto risos de alívio: tudo vai ficar bem. Nem tenho coragem de olhar, não quero distraí-los, mas não consigo me segurar e dou uma olhadela. Avisto o torso do bebê, todo rosado. Ele já gesticula. Está coberto de curativos. As risadas prosseguem. Acredito que todos estejam felizes. Observo uma enfermeira, e ela tem a alegria registrada no olhar; o milagre da vida. Pedem que eu me afaste um pouco para que o aparelho de radiografia passe. A máquina toma muito espaço.

Estou nas primeiras fileiras. É um espetáculo inimaginável. Daniel é todo certinho. Está entubado, como Tancrède. Seu choro se faz ouvir. A emoção cresce dentro de mim, como aconteceu há cinco dias; como sofre aquele pequenino sob a luz que o cega. A agitação do ambiente o assusta.

Tancrède chora e eu me viro. Estendo a mão pela janelinha da incubadora. Ele sabe que estou ali. Eu lhe dou segurança, ainda que estejamos unidos pela fragilidade da vida. Nosso vizinho finalmente parece pronto, é um bebê bem loirinho, com os olhos fechados, parece untado com um elixir mágico, e está brilhante. Agora fica calmo. Estamos à espera do resultado das radiografias...

A porta do fundo se abre e o pai, que eu tinha visto à tarde pelos corredores, irrompe na sala com a jovem avó. A secretária se atira sobre ele: "É necessário ser anunciado antes de entrar. Saia e nós o chamaremos pelo telefone localizado na sala de espera!" Eles saem, desconsolados. A alegria estampada no rosto deles se apaga. Retornam alguns minutos depois, enfiados em aventais esvoaçantes como o meu, depois de cumprir o ritual das luvas. Um jovem cirurgião está decidindo a sorte de Daniel. Meia hora depois, a intervenção feita por ele está terminada. Uma sonda foi introduzida no umbigo do recém-nascido. A de Tancrède tem 13,5 centímetros de comprimento. Operação delicada: a sonda precisa caminhar pela veia certa até o fígado – parece-me.

Estou me sentindo bem nesta noite. Sinto afeição por esses bebezinhos e por todos que cuidam deles. Sua dedicação mostra como eles amam seu trabalho. Eles amam seus bebês.

20 de maio de 2004

TRÊS SORRISOS, TRÊS MINUTOS

Dia importante: Tancrède descobre o nosso mundo. Consegue ficar de olhos abertos e ri três vezes. Dizem que os bebês só enxergam luzes. Não é verdade; ele me observou diversas vezes. Senti que gostou de mim.

Começou erguendo bem as sobrancelhas, suas pálpebras se agitaram e de repente apareceu uma pequena fenda bem escura, e finalmente outra. Demora, mas ele acaba abrindo bem os olhos, que se fixam em mim... Alguns segundos depois, as pálpebras voltam a se fechar. Está exausto. Espera três minutos e recomeça. Ele dá risada.

Uma hora se passa assim. Que hora linda.

Sua boca se desenha. Ele tem lábios magníficos, carnudos. Agora põe um pouco a língua para fora da boca. Ela é bonita, úmida e brilhante, e lubrifica seus lábios, que ainda estão secos. O tubo pelo qual é alimentado o obriga a ficar com a boca aberta. Suas bochechas ainda estão vermelhas e machucadas pelos esparadrapos retirados anteontem. Os médicos dizem que a icterícia talvez tenha cedido, portanto ele não precisa mais de fototerapia, não precisa mais de máscara sobre os olhos. A bilirrubina desceu ao nível mais baixo, mas pode voltar a subir; a notícia é boa, mas não definitiva. O resultado da análise dos cromossomos é normal. Mais uma ou duas células que estão em cultura devem ser examinadas amanhã para fechar o diagnóstico e afastar a hipótese de síndrome de Down. Naquela noite, o CPAP, o aparelho acoplado a uma máscara que insufla o ar pelo nariz de Tancrède, deve ser retirado. Dizem que é indolor. Será que ele vai conseguir respirar por si só? Pediram que eu o colocasse sobre minha barriga, pele com pele, enquanto o pequeno aparelho fosse retirado. Encostado em mim, ele ficaria mais tranquilo. Seria a terceira vez. Fico impaciente; será que finalmente poderei ver seu rosto por inteiro, sem máscaras, sem tubos, sem proteção nos olhos? Será que finalmente o verei por inteiro?

Ele finalmente está livre do aparelho, e respira. Vejo seu rosto como se já o conhecesse.

Por segurança, instalaram uma pequena cânula transparente no nariz. Com uma força incrível, ele arrancou tudo.

Deixei o hospital à meia-noite. Em casa, a solidão me esperava mais uma vez.

21 de maio de 2004

OS ANJOS DA GUARDA

Hoje eu vi o bumbum dele pela primeira vez. É liso e macio. Dei beijinhos naquelas pequenas metades de maçã. Em seguida, ele se espreguiçou. Observei seus braços: são finos, harmoniosos, lustrosos. Apesar dos aparelhos na boca, conseguiu bocejar pela primeira vez. Tancrède tem a pele cor de pêssego. Os lábios são bem desenhados e ainda estão um pouco enrugados. Desde ontem, as enfermeiras não param de dizer que se parece comigo.

Ele ficou sobre minha barriga durante duas horas. Cantei para ele – foi a primeira vez que escutou um som musical. Arregalou bem os olhos, como se assim pudesse ouvir melhor. Suas mãos passearam pelo meu abdômen e meu peito. Ele estava feliz. Apoiava com toda a força as almofadinhas dos dedos sobre minha pele. Foi gostoso.

Scott e Allison, pais do Daniel, se revezam nos cuidados com Tancrède. Pela primeira vez, sinto que alguém me aprecia naquela unidade. Compreendi que eles nunca tinham visto um pai tão presente, ficaram surpresos. Que bom, assim são mais delicados com meu pequenino.

Quando Tancrède chora, não há som. Suas cordas vocais estão comprimidas pelos tubos. Os olhos se reduzem e a boca se escancara, o sofrimento só é visível para quem está perto. Hoje chorou duas vezes.

Ele reage a todos os meus gestos; à entonação da minha voz também. Seus exames são excelentes.

Quando vou embora à noite, para descansar e me preparar para a jornada do dia seguinte, Tancrède protesta e seu corpo faz disparar o alarme do monitor. Preocupado, demoro a me afastar. Para mim, é difícil deixá-lo com as enfermeiras à noite; um erro é possível a qualquer instante. Sinto em mim a onipotência dos pais, que acham que nada acontecerá aos seus pequenos enquanto estiverem por perto.

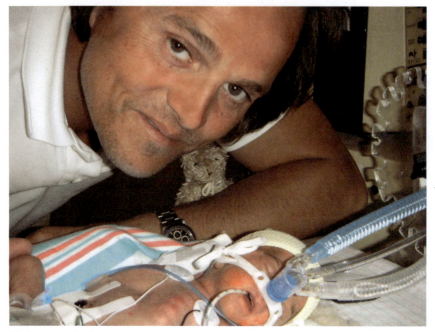

Ainda no respirador

No caso de Tancrède, alguns segundos de desatenção no momento errado podem ser fatais. Não tenho escolha além de ter fé nelas, de ter fé nele.

Eu ficava desesperado quando o deixava.

23 de maio de 2004

A FELICIDADE

Não há palavras para explicar a nossa ligação, meu filho, meu Tancrède, meu amor. Passamos dias inteiros juntos, nos comunicando, dando risada, chorando – desta vez de alegria. Você se agarra a mim, mas suas mãos mal dão a volta no meu dedo mínimo.

As enfermeiras só falam de você, dos seus sorrisos, da sua beleza. Quando dou um banho em você e em seguida massageio seu corpo, é sucesso garantido! Coloquei música para tocar pela primeira vez, você abriu os olhos bem arregalados e, depois de alguns minutos, sorriu e sorriu mais ainda.

Quando os médicos chegam para ver você – às vezes são dez –, nós os divertimos, fazemos todos darem risada. Com a esperança de tirar o tubo da sua boca e dar a primeira mamadeira, explico a eles que você tem vontade de mamar. Um ar de desaprovação se instala no rosto deles.

É difícil para você ficar com os olhos abertos durante muito tempo ou sorrir – quanta energia é preciso gastar nesses gestos tão simples. Ainda assim, passa o dia inteiro distribuindo sorrisos e piscadelas para mim.

26 de maio de 2004

OLHOS NOS OLHOS

Você me olhou fixamente, arregalando esses olhões que eu já conhecia, mas que nunca tinham me olhado com aquela intensidade. Você me encarou. Não tirei meus olhos dos seus, e você sorriu para mim. Você falou comigo com suas pupilas. Você me disse: "Eu te sigo". Você me escolheu, você me elegeu. Você me explicou que nós formamos um time e que somos mais fortes do que nunca. Essa força, é você que me fornece. Foram necessários 12 dias para que falasse comigo, sendo que até a metade deles você não podia pensar em nada além do seu sofrimento.

A emoção é muito forte. É difícil descrever as sensações; às vezes elas não cabem em palavras.

A semelhança entre nós é inquietante, estranha. Não há dúvida: você é uma parte de mim, eu olho para você, você é eu; você me olha, eu me sinto você.

Eu te sinto.

Eu te respiro.

Você é minha vida.

Você é meus olhos.

Eu te amo, eu te amo.

29 de maio de 2004

A PRIMEIRA MAMADEIRA

Hoje foi o dia da primeira mamadeira, apesar da proibição dos médicos, que diziam que meu filho não estava pronto. Mas Colleen e eu ignoramos as orientações, porque sabíamos bem que Tancrède queria mamar. Tínhamos outra forma de nos comunicar com ele; sabíamos, por intuição, tudo de que ele precisava e atendíamos, sem refletir, todos os seus pedidos. Colleen, a nossa enfermeira querida, que tem todo jeito de fada, tornou-se minha amiga. Nós – Tancrède e eu – a amamos. Graças a ela, pude fazer a primeira massagem em você; graças a ela dei seus banhos; e graças a ela houve "a primeira mamadeira". Não antes de 34 semanas, era o que eles diziam; no entanto, você mal tinha 31 semanas e engoliu tudo. Foi um acontecimento no mundo

Com 31 semanas

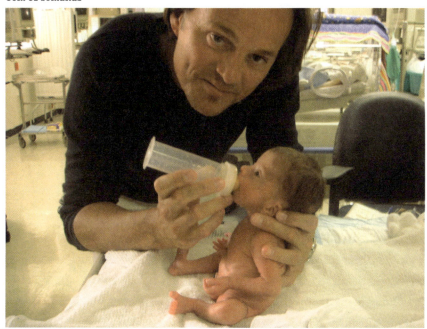

médico: 100 mililitros no primeiro dia, 150 no segundo!

Quando cada minuto é um perigo para a vida, todos os detalhes se tornam essenciais.

Você muda um pouco a cada dia. Todo dia há descobertas, um novo exercício, uma expressão, um gesto. Cada vez que chego ao hospital, me pergunto qual será a surpresa. Durante as 12 horas que passo todos os dias com você, nunca fico entediado. Você capta toda a minha atenção, e sabe disso. Geme quando o deixo um instante para conversar com uma enfermeira – e todas elas já admiram sua personalidade.

Os médicos preveem que você terá alta em 24 de junho, aproximadamente.

Batalhar, batalhar sempre: é a história da minha vida...

5 de junho de 2004

ONDE ESTÁ MEU FILHO?

São 2 horas da madrugada. Faz pouco tempo que voltei do hospital. Estou exausto.

Quando cheguei à unidade, hoje de manhã, não vi meu filho. Fiquei desesperado. "Onde está meu filho?", eu berrava com violência. "ONDE ESTÁ MEU FILHO?"

Colleen apareceu e apontou para o berço onde Tancrède dormia tranquilo.

Fim da incubadora. Eu me precipitei na direção dele, cobrindo-o de beijos e lágrimas de alegria e alívio.

Finalmente pude lhe dar o primeiro banho e depois fazer uma longa massagem. O médico-chefe vem falar conosco e comenta os progressos extraordinários de Tancrède. Ele insiste em mencionar a maneira como cuido dele, minha presença quase contínua. Isso é raro no caso de um pai, diz.

Pede que eu monte, com Colleen, uma "célula" de massagem para os bebês, de forma a evidenciar os benefícios dessa prática. Ele deseja demonstrar, por meio de nós, que as massagens são uma verdadeira terapia – e meu filho é a prova viva disso. Ontem, Tancrède ganhou 85 gramas em 24 horas, uma façanha para um bebê de 32 semanas e meia – e ainda tomou uma mamadeira de 220 mililitros!

26 de junho de 2004

ÚLTIMOS DIAS

Dia número quatro. No dia número dez, se ele não tiver nenhum acidente respiratório, finalmente receberemos alta; a tensão é grande. Toda manhã, quando acordo, meu primeiro gesto é telefonar para saber notícias dele. Ontem, fiquei ao seu lado do meio-dia à meia-noite.

Pedi a Allison, outra enfermeira que cuidava de nós com muito carinho, que comprasse uma banheira e a enchi de água. Quatro enfermeiras vieram visitá-lo. Quando ele começou a bater as mãozinhas na água, elas ficaram radiantes. Ele estava louco de alegria, com os olhos bem arregalados, deixando que todas lhe fizessem cócegas, carinhos, dessem beijinhos! De repente, a banheira começou a balançar de maneira perigosa. A água começou a se derramar, inundando o aparelho sobre o qual a banheira se encontrava. Uma poça se formou no chão. Lá estávamos nós, de quatro, tentando secar o chão, tendo ataques de riso, pedindo ajuda, com medo de sermos pegos pelas enfermeiras-chefes! Estávamos em um hospital militar, onde a hierarquia vale mais do que em outros lugares. Depois do banho, a chefe chegou. Exceto por nossos rostos que mal disfarçavam a vontade de rir, ela não reparou em nada.

Visto meu pequeno logo que posso, e ele dá risada...

À noite, como em todos os dias, saí dali devastado por me separar do meu filho. Não tinha comido quase nada e cheguei até o carro cambaleando. Tinha perdido o apetite. Uma tristeza enorme tomava conta de mim cada vez que voltava ao hotel. A comida do hospital era artificial, particularmente insossa e quase impossível de digerir para um vegetariano.

Apesar de todos os progressos, sinto tensão, inquietação, cansaço; será que terá alta na data prevista? Também tenho saudade dele, demais: oito semanas, uma vida.

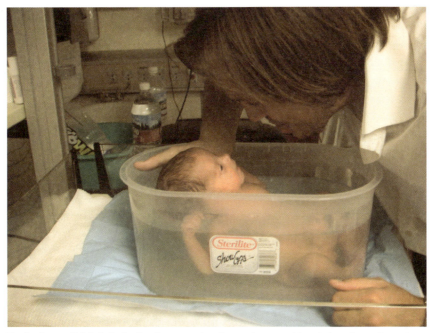
Banho "escondido", dado dentro de uma caixa de canetas, providenciada pelas enfermeiras

A LIBERAÇÃO

Eu tinha confeccionado minuciosamente cada um dos 40 pacotes destinados a todas as pessoas que tinham cuidado de Tancrède no hospital. Era um agradecimento pequeno em comparação a tudo que tinham feito por ele. Cada embrulho continha um livro escrito por um neonatologista norte-americano, um romance cheio de suspense que contava a história de bebês em uma unidade de prematuros. Havia um recado pessoal em cada página de rosto e uma longa carta, que preferi imprimir e juntar ao presente – ficaria emocionado demais se fosse ler em voz alta. Era necessário que cada pessoa a desvendasse sozinha, no momento certo. A mim, parecia indispensável que eles compreendessem a história que tínhamos vivido juntos e que se reconhecessem nas palavras, que interpretassem a mensagem, que se sentissem ligados a nós, a todos os acontecimentos que tinham vivido conosco. Nossa história com eles não era nada além disto: essencial.

Tantas emoções tinham atravessado meu espírito na medida em que ia escrevendo. Elas se conectavam a um momento crucial da minha vida. Queria deixá-las registradas por escrito como um legado, um testemunho que queria dedicar a eles, assim como este livro, assim como a vida do meu filho. Queria lhes dizer quanto são importantes. Era vital que soubessem. Nunca vou me esquecer deles. Agora eles fazem parte de mim, de nós.

À UNIDADE DE TERAPIA INTENSIVA DE NEONATOLOGIA

É muito difícil explicar a nossa vida, a de Tancrède e a minha, que se fundem no dia 14 de maio de 2004, mas vocês precisam saber. Foi a experiência mais extraordinária da minha vida. O nascimento do meu bebê, nosso encontro, ele e eu, no medo e na ciência, por meio de agulhas e máquinas, da dificuldade, das lágrimas, por meio daqueles que cuidaram de nós. Foi um sonho disfarçado de pesadelo. Claro que os primeiros dias foram devastadores. A vida dele estava em perigo. Minha vida também estava suspensa por um fio, porque, naquele momento, eu não sabia se iria sobreviver a um desastre dessa magnitude. Mas Tancrède tinha resolvido escutar os médicos que faziam o impossível para salvá-lo. Ele aceitou pagar o preço. Tancrède nasceu e, ao mesmo tempo, descobriu o desafio da vida. Não poderia ter aprendido mais cedo.

Tancrède, devido às condições de seu nascimento, tem em si o poder de transmitir a mensagem do universo. Cada um de vocês teve a possibilidade de descobrir seu segredo. Esse segredo me comoveu. Ele pode ser escrito ou transmitido pela palavra; está em Tancrède assim como é inerente a cada um de nós; ele está em nós. Tancrède é uma fagulha que nos traz a voz da descoberta se escolhermos escutar a verdade...

Catorze de maio de 2004, dia do nascimento de Tancrède. Estou na sala de espera já faz mais de duas horas. Estou diferente. Vi meu filho durante alguns segundos. Em seguida, ele desapareceu. Quando eu iria finalmente me encontrar com ele? Espero. Naquele instante infinito, em que o tempo parece parar, eu me transformo em uma alma de criança. Sou outro, virgem de qualquer sentimento, de qualquer cultura. Não tenho mais julgamentos sobre os seres humanos, não tenho ponto de vista sobre a vida, não enxergo as pessoas que me rodeiam. Estou tão presente quanto ausente. Não sei mais nada. Estou em um vazio entre a Terra, o espaço e o nada. Não existo mais. Espero...

Meia hora depois, estou diante de um bebê que sofre. Preciso ajudá-lo da melhor maneira possível. Não sei o que é dar o melhor de mim. Não penso, é meu instinto que está no comando, mesmo porque estou em estado de choque. O que conta é que ele sinta a minha presença; nada mais importa. Estar ali, transferir meu amor e minha ternura, acariciar a ponta de seus dedos, o alto de sua cabeça, a planta de seus pés. Não irritar sua pele. Não tenho escolha a não ser continuar criança, não pensar no minuto seguinte, não perder o chão; seria perigoso demais. Ter o controle total sobre mim mesmo. Escutar o que dizem os médicos e as enfermeiras, compreendê-los, agir de maneira suficiente, mas não exagerada, o limite se reduz a dar a eles tudo para que salvem meu filho. Não tenho escolha.

A experiência era a descoberta do meu pequenino. A cada dia ele se transformava em um novo bebê, a cada dia era diferente, a cada dia trazia uma surpresa. Percebi que minha vida nunca mais seria a mesma. Às vezes isso suscitava em mim um espanto e formigamentos que me traziam um novo prazer, extraordinário, um prazer tanto físico quanto emocional.

Toda manhã eu me apressava para chegar ao hospital, impaciente para revê-lo.

Além da chegada tão esperada de Tancrède na minha vida, houve outra experiência, e por ela eu não esperava: essa outra experiência foi conviver com vocês. Durante dias inteiros, às vezes noites também. Assim, vocês se transformaram na minha família. Eu estava sozinho em seu país, e vocês me acolheram neste hospital como um integrante da equipe. Era também uma necessidade minha, uma urgência. Tudo se tornou grave na minha vida, grave demais. Eu não queria ser considerado "um turista". Queria controlar o que acontecia com Tancrède. Então vocês me explicaram, me mostraram, permitiram que eu participasse. Obrigado.

Meu bebê sofria, e eu só podia lhe dar amor. Por causa do amor, me tornei importante perante a pessoa que era a mais importante para mim. Graças a vocês, encontrei forças e sobrevivi. Graças a vocês, eu me tornei alguém. Eu fiz diferença. Eu estava lá por ele e por vocês. Vocês demonstraram consideração pela minha dor, todos, com sua paciência, seu amor, seu espírito. Obrigado.

A certa altura, percebi que tinha necessidade de humor. De rir para não deixar que o drama me dominasse. Minhas gracinhas certamente não eram sempre engraçadas, mas foram sempre recebidas com sorrisos. Como dei risada com o capitão McCaffrey, o chefe do serviço! Ele tinha criado uma filha com síndrome de Down e estava muito envolvido com sua religião católica. Minha chegada provocou nele uma revolução, derrubando todos os seus preconceitos ao ver meu amor por Tancrède, apesar de ser homossexual, pai solteiro e francês. Tenho certeza de que ele me ajudou muito mais do que imagina. Vou me lembrar sempre de suas visitas à noite, por volta das 2 ou 3 horas da madrugada, por cima da incubadora de Tancrède. Eu esperava essas visitas com impaciência. Tudo era calmo e tranquilo. As luzes quase apagadas. Conversávamos. Esses momentos faziam muita diferença.

Compreendi, naqueles instantes, a importância da qualidade de comunicação. Aqueles poucos minutos valiam por horas.

Vivi a experiência de carregar meu bebê como as mães o fazem. Vocês me deram autorização para cuidar do meu pequeno tanto quanto eu quisesse. Foi o que fiz, à minha maneira, noite e dia. Conversei com ele, acariciei suas mãos, sua cabeça, seus pés, seu corpo... eu o carreguei junto a mim, barriga contra barriga, pele contra pele; eu o beijei tanto. Inevitavelmente, vocês escutaram as canções de ninar que eu cantava para ele, e sentia que gostavam delas.

Minha relação com Tancrède é de fusão, porque vocês me ajudaram a fazer com que ele crescesse nas minhas mãos. Vocês me ajudaram com os banhos, com as massagens, com suas palavras, com seu olhar; porque estavam lá. Obrigado.

Por favor, digam a eles, digam aos outros pais, falem com eles por mim, para que conheçam toda a felicidade. Revelem a eles que uma criança é tudo o que há de essencial. Meu filho se tornou uma parte de mim. Nada jamais poderá mudar isso. Eu transmiti a ele tudo que tinha, que não era nada, e ele me deu tudo.

Nossa história em San Diego foi dramática, mas extraordinária. Aprendi a respeito da vida, dos seres humanos. Nunca mais serei o mesmo. Descobri muito em vocês, por vocês, em suas palavras, em seus gestos, em suas vidas. Obrigado.

Algumas enfermeiras ou alguns médicos podem ter se chocado com a minha situação de pai solteiro e homossexual. Houve vezes em que senti essa dúvida neles. Mas eles viram e mudaram. No final, deram-se conta do amor que se tecia, cada dia mais forte, entre mim e Tancrède. Eles compreenderam. Obrigado a eles por saberem abrir os olhos.

Aos 15 anos, tive que ser forte para não pôr fim aos meus dias. Foi com dor que compreendi minha diferença: eu não podia escolher minha própria vida. Claro que eu poderia mentir, casar-me com uma mulher bonita, fazer filhos lindos. Mas eu era honesto e queria continuar assim; sabia que era homossexual – apesar de ter uma esperança secreta de que isso fosse mudar. Não escolhi minha sexualidade, ela fez essa escolha por mim. Enfrentei dificuldades com pais religiosos e irmãs que baseiam a essência de sua vida na imagem que a sociedade tem delas. Até a morte do meu irmão, pensei em ser padre. Tive problemas na escola, com meus amigos, no trabalho. No entanto, jamais permiti que minha identidade fosse reduzida à minha sexualidade. Isso não mudou. Nunca fiz parte de absolutamente nenhuma comunidade – gay, religiosa, intelectual ou qualquer outra.

Ensinarei ao meu filho que sempre tenha o espírito aberto, que seja sempre vigilante em relação a isso. Que nunca se feche em um grupo ou em um meio, esteja disponível para os outros, para o mundo.

Demorei anos para tomar a decisão de ser pai.

A psicologia é um campo familiar para mim. Minha mãe é psicóloga. Durante muito tempo, acreditei que seria egoísta ou nefasto privar um filho ou uma filha da existência de uma mãe. Então observei muitas crianças e seus pais. Conversei com "psis". Mas foi sozinho que compreendi, com muito amor, que tudo é possível. Não estou escrevendo para me justificar. Eu sou feliz – meu filho me traz uma felicidade inestimável. E se o contexto é difícil para alguns de vocês entenderem, saibam que foi ainda pior para mim, com a idade em que descobri quem eu era.

Que lição foi vê-los trabalhando em grupo. Vocês vêm dos quatro cantos dos Estados Unidos e até de outros países, e ainda assim formam uma equipe que atua em harmonia quase perfeita – que desafio! Vocês me impressionaram com sua sensibilidade, com seus conhecimentos, com seu instinto, com sua força e sua fragilidade, com seus sentimentos, com sua vida. Aquilo que vocês – enfermeiros, médicos, auxiliares – realizam neste hospital pertence a outro mundo. Vocês são excepcionais. Obrigado.

Alguns de vocês se tornaram meus amigos. E continuarão sendo para sempre. Alguns de vocês nos deram tanto amor, tanto afeto. Cada um tem uma maneira particular de trabalhar. Cada um de vocês nos trouxe algo diferente. Nos últimos dias de nossa convivência, eu me tornei difícil. Estava exasperado, a irritação tomou conta de mim. Achava que com isso estaria protegendo Tancrède, mas ele não podia estar mais seguro do que com vocês. Para um pai que viveu tantas pressões durante dois meses, um detalhe pode se tornar assustador. Nos últimos dias, tive medo. Peço desculpas, Cristal, peço desculpas, dr. Ling, por minha irritação.

Meu bebê cresceu graças a sua interpretação da medicina. Graças a vocês. Ele cresceu porque eu estava perto dele, conversava com ele, eu o abraçava forte contra meu corpo. Nós sabíamos, ele e eu, que isso era indispensável para a Vida. Um dia, uma enfermeira estava cuidando de Tancrède. Do ponto de vista técnico, ela aplicava perfeitamente seus conhecimentos, mas eu não podia aceitar que se excluíssem os gestos de afeição pelo meu bebê, as palavras, a delicadeza. Tudo isso faz parte do tratamento. Vocês todos sabem disso, porque fizeram isso sem descanso durante dois meses.

O capitão McCaffrey é um exemplo para mim. Modesto, simples e aberto, é um homem tão dedicado a seu trabalho quanto a sua família. Apesar de toda a pressão, com serenidade verdadeira, ele dá apoio a cada integrante de sua equipe, a cada pai e mãe, a cada criança. Se ele às vezes fica cansado, nunca dá para ver. O capitão McCaffrey sabe o que meu filho e eu sentimos. Nós o observamos durante horas, sozinho com seus bebês. Ele os observava. Ele os sentia. Ele estendia as mãos para eles. Ele usava mais seus instintos do que seus conhecimentos.

Eu poderia escrever tanto a respeito de todos vocês... Vocês foram importantes para nós, vocês foram O MAIS IMPORTANTE. Às vezes por um detalhe, às vezes pelo essencial...

Ao final, o dr. Ling compreendeu meus sentimentos. Fico feliz por tê-lo conhecido. O dr. Meadford e o dr. Monsolasky foram um sonho bonito que flutuava ao nosso redor. O dr. Bull me ajudou tanto com as providências administrativas. A gentileza e o coração de Maria McColley foram muito presentes, especialmente nos últimos dias da nossa estada com vocês. O dr. Mathews sempre me deu esperança de um jeito tão descontraído quanto convincente. Não tenho como escrever a respeito de todas as mulheres lindas daqui. Elas nos rodeavam com tanta atenção... Acho que me apaixonei por Colleen. Allison mudou tudo na vida do meu bebê. Liz foi como uma mãe para ele. Ardy, Mariam, Cristal, Yvonne, Emy, Margesella, Tammy, Cathy, Stacey, Monica, Olivia, Robin, Beth, Monica: eu amo vocês.

Colleen fez milagres. Ela transformou Tancrède. Sua técnica e a afeição que demonstrou foram únicas. Colleen tinha, todo dia, uma ideia nova que me ajudava a compreender as necessidades do meu filho. Ela me fez crescer com ele. Ele cresceu tão rápido em dois meses. Colleen é feita de amor.

As outras enfermeiras também participaram. Mas não tenho mais espaço para escrever o nome de todas! Elas sabem. No coração... elas sabem.

A todos, OBRIGADO... por Tancrède, por mim... por seus presentes de cada dia.

Por seu amor, por sua ternura.

Pelo fôlego, pelo fôlego do pulmão, pelo fôlego dos corpos, pelo fôlego dos corações...

Obrigado pelo fôlego das almas...

Luc

7 de julho de 2004

VAMOS EMBORA DO HOSPITAL

Ontem anunciaram que meu filho teria alta hoje. Foi uma libertação, uma redenção, o anúncio de uma nova vida que começava.

Assim como todas as noites desde que meu filho tinha nascido, aquela tinha sido ruim. Eu bloqueava o pensamento de ter meu filho em casa comigo, porque isso significava projetar o futuro e, portanto, não dedicar todas as minhas energias à batalha, ao instante presente.

Naquela manhã, me levantei bem cedo. Ao amanhecer, já estava preparando as roupinhas que mandei lavar e lavar de novo, os remédios dele, as mamadeiras em miniatura fornecidas pelo hospital, todos os acessórios de higiene, além da roupa de cama e de banho necessária. Isso representava uma bagagem considerável. Tudo devia estar perfeito quando ele entrasse no quarto pela primeira vez. Ele tinha que se sentir bem-vindo nesse novo mundo, tinha que se sentir esperado e desejado: isso era essencial para sua saúde e para suas perspectivas.

Eu tinha mandado virem de Paris as roupinhas que havia preparado para ele durante toda a gravidez de Tricia, e até antes. Era coisa demais. Cada roupinha me trazia uma lembrança, uma loja que eu tinha explorado para vestir meu futuro bebê. Adorava passear nessas lojas, sentir o perfume dos enxovais de recém-nascido, que selecionava com atenção. Tinha orgulho de assumir meu desejo, tinha orgulho da minha batalha que já durava tanto tempo, tinha orgulho de ser pai. Era um sentimento novo! Aquele título me conferia uma importância, uma missão. Esse orgulho está gravado nos meus genes, não posso fazer nada contra ele. Era o que me empurrava para as lojas de artigos infantis. Nelas, as vendedoras, quase sempre mulheres, que me escutavam falar de meu filho pareciam hipnotizadas pela doçura das palavras que escapavam dos meus lábios, apesar de

Tancrède ainda nem ter nascido. Ele já reinava no meu coração, mas, na realidade, ainda nem existia. Era maravilhoso compartilhar meu segredo nessas ocasiões.

Acompanhar a gravidez do meu filho sem poder falar sobre ele foi um exercício difícil, porque minha vontade era gritar para o mundo inteiro ouvir. Aquelas mulheres me acalmavam com uma ternura quase materna enquanto tentavam, em geral com sucesso, me vender as mais lindas roupinhas de recém-nascido.

Naquele dia, percorri depressa demais a distância entre o hotel e o hospital. Na metade do caminho, vi dois policiais pararem um carro e conversarem com o motorista no acostamento. Foi então que percebi minha imprudência.

Eu estava morto de medo e de impaciência ao mesmo tempo. Amedrontado? Sim, em pânico diante da possibilidade de tirar meu filho

Já na França: castelo de Provence

do casulo que os médicos e enfermeiras tinham tecido ao redor dele. E se, em casa, o monitor portátil falhasse e não disparasse o alarme em caso de problema? Meu filho poderia morrer. Eu me assustava com tudo que pudesse ameaçar a vida do meu filho. Durante mais de dois meses, tinha vivido para Tancrède. Eu o tinha alimentado, banhado, massageado e trocado. Tinha passado horas cantando para ele melodias que eu mesmo inventava, noites pensando só nele. Tinha cuidado dele, eu o tinha entubado. Tinha conversado com ele sobre a vida, sobre nós. Todos os dias, eu o acomodei sobre minha barriga durante horas, pele sobre pele. Tinha brigado com enfermeiras por ele. Tinha prestado atenção ao menor movimento. E hoje nós dois seríamos entregues à Terra e aos homens que a povoam...

Tancrède me intimidava por ter mostrado tanta coragem no meio da dor. Foi ele que me ensinou a ter paciência e a conhecer a força do amor. Foi ele que se comportou como um sábio. Ele tinha me mostrado o caminho. Ele tinha transmitido as mensagens. Ele tinha me dado os códigos para resolver os problemas. Aquele bebezinho tinha feito tudo isso. Eu me sentia grande porque o tinha salvado. E me sentia pequeno e humilde perante ele. De repente, eu estava na posição do aluno que precisava cuidar de seu mestre. Naquele momento, caberia a mim pegar o bastão e ensinar a ele sobre o mundo e sobre os homens.

Cheguei ao hospital sentindo um frio na barriga. Fui imediatamente ao encontro da enfermeira encarregada de me instruir a respeito do funcionamento do aparelho com o qual meu filho precisaria se acostumar. Rapidamente entendi seu manuseio. Saber que a vida de Tancrède dependeria daquele pequeno mecanismo me apavorava. Eu me dividia entre a felicidade de finalmente estar com meu filho e o perigo que pesava sobre ele. A partir de então, teríamos que confrontar o mundo externo protegidos apenas por um alarme que dispararia ao menor sinal de problema respiratório. Eu tentava me sentir seguro. Eu não tinha escolha.

Quando tudo está bem, parece-me que nada pode acontecer, que a vida está contida no momento presente. Naquele instante da minha existência, compreendi que era necessário ter fé, acreditar, ter esperança, ter confiança na vida. O monitor me avisaria se Tancrède estivesse em perigo. Às vezes, não conseguia deixar de pensar no pior, mas não tinha o direito de transmitir-lhe minha angústia; era necessário lutar. Eu tinha que confiá-lo à vida, a essa nova vida que estava à espera de nós dois: era a prioridade.

Fiz a mala de Tancrède; era pequena. Peguei sua cadeirinha de bebê e troquei algumas palavras com o chefe da unidade. Tínhamos sido cúmplices. Rindo, ele confessou que conhecia todos os meus estratagemas: o roubo semanal da ficha médica de Tancrède (eu queria ter certeza de que não estavam escondendo nada de mim), alguns cuidados que eu não poderia ter ministrado por conta própria, etc... E quando as enfermeiras-chefes reclamavam repetidas vezes da minha desobediência, a única resposta dele era dar risada. Ele era militar, mas não deixava de ser humano.

Eu estava saindo daquele prédio enorme com paredes esmagadoras e corredores que não acabavam mais. Estava deixando para trás o vaivém de aventais brancos e de rostos com a cor do mundo: amarelos, negros, rosados, café com leite, símbolos de todas as raças que construíram os Estados Unidos; elas são sua riqueza. Eu deixava o lugar que tinha se transformado na minha casa e que acabei conhecendo nos mínimos detalhes. Tinha minhas secretárias preferidas, sabia o nome das atendentes do fast-food, do vendedor de sanduíches. Havia uma médica jovem que tinha cuidado de Tancrède durante um período; eu cruzava com ela nos corredores o tempo todo e pensava nela como um anjo. Havia uma faxineira que criava sozinha seis filhos, para quem eu de vez em quando dava pequenos presentes. Tudo isso tinha sido meu durante dois meses; tinha sido meu porque essa era a ordem das coisas. Tudo isso estava lá para que eu resistisse. Ao deixar todas aquelas pessoas, fiquei com a impressão de que as estava abandonando, porque provavelmente nunca mais as veria...

Eu chorava. Todos sabiam como eu desejava aquela partida. Mas será que tinham consciência da ajuda preciosa que haviam me fornecido por meio de seus sorrisos, por pedirem notícias de Tancrède ou apenas porque estavam lá? Eu não tinha ninguém, por isso tinha a eles. Aquelas pessoas tinham se transformado no meu cotidiano, em presenças indispensáveis na minha vida. Eram as minhas marcas, porque eu precisava manter os pés no chão, permanecer sólido, perceber que o resto do mundo continuava a existir enquanto Tancrède ainda se mantinha fechado em seu casulo hospitalar.

Ancorei Tancrède com solidez no carro (esse é um hábito que não mudou até hoje, quando ele, já quase adolescente, usa o cinto transpassado sobre o peito). Acomodei-me ao volante. Era a primeira vez que carregava meu filho. Era a primeira vez que eu, sozinho, era responsável pelo meu bebê... Eu me sentia um homem e, se não fosse o medo de assustar Tancrède, teria gritado a plenos pulmões. A sensação de ser pai desenvolvia em mim a consciência aguda de ser homem com H maiúsculo, um HOMEM.

Entrei no quarto de hotel, onde uma caminha tinha sido instalada com muito cuidado. Da sacada, fiz Tancrède admirar o mar. Estávamos no último andar. Eu tinha conhecido aquele quartinho alguns anos antes, e ele sempre me parecera enorme por causa da ampla sacada que se projetava como um ninho de águia. À frente dela, um panorama extraordinário se estendia.

Sempre que tinha um tempo só para mim, ia para aquela sacada e deixava a melancolia me invadir. Para mim, não sei por quê, ela tinha um valor simbólico. Até hoje, de vez em quando penso nela, como se continuasse me pertencendo; ela me faz sonhar qual um poema que toma minha mente como uma meditação: "A sacada mergulhava no infinito do oceano. Ao cair do dia, ela chamava as focas, que vinham se esparramar sobre a orla para brincar com os últimos banhistas. De manhãzinha, ela acolhia os tesourões que, assim que eu dava as costas, roubavam a última fatia de pão francês que tinha esquecido, relaxado, sobre a mesa do café da manhã. A sacada afrontava os penhascos que precipitavam o deserto nos abismos do Pacífico, logo ali na frente. Os penhascos que se elevavam por cima da baía, desbotados por tempestades, amarelados pelo tempo, estendendo-se até a cidadezinha de La Jolla. A cada dia eu os mirava, eu os observava, com frequência sem pensar em nada; às vezes eu os achava bonitos. A sacada protegia um francês perdido, eufórico ou desesperado, um francês habitado por uma criança".

"La Valencia", instituição da cidade, última lembrança das colônias espanholas na Califórnia, era minha casa, um dos raros hotéis norte-americanos onde o charme da Velha Europa ainda se mantém.

Já era quase noite. O ar começava a refrescar. A intimidade da noite se tornava mais presente. Refugiado em meus braços, Tancrède examinava o horizonte comigo. Eu estava feliz. Ele tinha um leve sorriso nos lábios. O mar ficou cor de violeta e o céu, todo estrelado naquela noite, nos oferecia a beleza do universo, da terra, da vida. Então segurei bem forte meu filho, ergui-o alto e exclamei, com os olhos inundados de lágrimas: "OBRIGADO, OBRIGADO, OBRIGADO".

De repente, percebi que ele precisava descansar. Então comecei a arrumar sua cama, sua mamadeira, seus remédios... Não podia esquecer nada nem cometer a mínima falha (era assim que eu pensava na época). No entanto, por instinto, tinha a impressão de que havia feito aquilo a vida toda. O monitor era um objeto-tabu. Não queria ficar olhando para ele, mas não fazia outra coisa. Ficava obcecado com a menor vibração. Era ele que decidia. Era ele que dava as ordens. Ele era o meu perseguidor, o meu mestre. A autoridade nunca foi minha amiga, mas dessa vez eu tinha que me submeter. Ele estava ali para me lembrar todo segundo de que a morte continuava rondando. A cada alerta, eu me precipitava sobre meu filho para fazê-lo respirar, respirar...

Quando chegou o momento de dormir, porém, acomodei Tancrède na minha cama, bem encostado em mim. Cantei para ele algumas músicas que ia inventando conforme o tempo passava. Ele sorria. Estava com os olhos fechados. Ainda não tinha forças para ficar com os olhos abertos durante muito tempo. Eu o cobria de beijos entre cada verso. A contragosto, acabei por colocá-lo com toda a delicadeza na caminha, mas não conseguia arrancar os olhos do menininho que estava à minha frente. Apoiava a cabeça na beirada do berço para admirá-lo melhor. Observava os mínimos detalhes de seus olhos, das preguinhas de suas mãos. Ele dormia profundamente. Eu escutava sua respiração, tão vital. Observava seu rosto. Sentia seu cheiro. Não ousava tocá-lo para não incomodar seu sono, que ia ficando cada vez mais tranquilo, cada vez mais profundo, como se ele finalmente sentisse que tinha autorização para viver.

Naquele instante, eu me senti seguro pela primeira vez: você tem vontade de viver, meu filho, você quer viver... ENTÃO, VAI VIVER.

A noite foi agitada. Não fechei os olhos. Não queria esquecer as mamadeiras da noite, mas como poderia esquecer? Tancrède me avisava quando tinha fome. Eu ainda estava apavorado com a ideia de não ouvir o monitor, apesar de o alarme estar no volume máximo. Sem descanso, eu me aproximava para escutá-lo inspirar, expirar... Ter certeza de que estava vivo.

Ao nascer do sol, fui até a sacada admirar a bola vermelha que emergia do meio das ondas e tingia o mar de cores belas e singulares. Eu estava muito cansado e com olheiras. Emagreci muito naquelas semanas de insônia e de angústia – fato que me alegrou no começo e depois passou a me preocupar. Não conseguia comer; não conseguia mais frequentar o *fast-food* do hospital. Esportista por natureza, não fiz exercício nenhum durante aquele período. A silhueta atlética da qual me orgulhava tinha se transformado em uma magreza que não se parecia comigo, uma magreza que revelava a angústia.

No entanto, eu estava bem. Vivia aquilo por que esperava havia dois meses e meio – ou deveria dizer dez anos? O que eu sentia não tinha nada a ver com o que tinha imaginado. Experimentava uma sensação de plenitude perfeita; me sentia realizado, como se pela primeira vez o ser que sou hoje estivesse inteiro. Sempre esperei por meu filho, ele finalmente estava comigo e nossa união então era um fato: meu filho formava a outra parte de mim mesmo. Era natural, no sentido adequado do termo.

De manhãzinha tomei meu café no silêncio da aurora. Os barcos dos pescadores começavam a deixar o porto, a vida ia se animando aos poucos na cidadezinha que se estendia perante meus olhos. Estávamos em La Jolla, onde eu morava havia dois meses longe do meu país e da minha casa; parecia pouco, mas para mim era uma eternidade.

Tomava o café com calma. Fui percebendo pouco a pouco que era minha primeira manhã com ele. Eu sabia que aquele amanhecer ficaria gravado na minha mente por toda a vida e queria saborear cada segundo. Deixei a emoção correr solta, como se estivesse agradecendo ao universo. Tinha a impressão de observar o mundo que me rodeava – a sombra de uma árvore, uma ave branca que veio me observar – através de um filtro de amor, um amor intenso pela beleza que me rodeava, pelo mundo, pelos seres vivos. Experimentava a alegria suprema do milagre da VIDA em todas as coisas. Hoje, essa é a ideia mais precisa que tenho do que possa vir a ser o além.

Quando voltei para perto de Tancrède, ele aina dormia, tranquilo. Coloquei a mão bem de leve em sua barriga para sentir sua respiração. Toda a vida dele se concentrava naquele pequeno movimento de cima para baixo e de baixo para cima. Queria cobri-lo de beijos, mas não podia acordá-lo. Ele era frágil e delicado, ele me inspirava respeito. Era tênue, tão tênue. Paradoxalmente, eu estava impressionado por aquela força impalpável que agora o habitava. Sentia nele uma maturidade, uma sapiência, como se tudo o que tínhamos vivido juntos estivesse registrado, como se tudo tivesse um sentido; sim, meu bebê, um sentido.

O dia passou muito rápido. Quando ele acordou, alimentei-o e, para minha grande satisfação, ele tomou toda a mamadeira. Depois mostrei a ele a luz do dia. Cobri a cabeça do meu filho com um bonezinho de beisebol americano, grande demais mas eficaz; coloquei um par de óculos de sol sobre o nariz dele. Ele nunca tinha visto o dia. O vento acariciava seus cabelos quase invisíveis. Suas mãos se agitavam como se quisessem sentir o movimento do ar e o calor a acariciar sua pele, ou talvez apenas quisesse receber a vibração do meu amor. Seus pés, que eu tinha deixado descalços, torciam-se de prazer. Ele estava gostando daquilo. Não conseguia abrir os olhos por causa da claridade, mas com certeza percebia a luz inabitual atrás das pálpebras. Eu o apertei contra mim e abriguei-o dentro do meu roupão. Ele se aprumava sozinho. Dei um passeio pela sacada enquanto cantava. O sol disparava seus raios. Aquela manhã não era como todas as outras. Não havia névoa como nos outros dias. O éter se mostrava transparente, como se quisesse me confirmar que aquele dia era o dia mais limpo da minha vida. Dava para enxergar o horizonte infinito. Era um dia de festa. Era o nosso dia.

Estávamos sozinhos na Califórnia, só nós dois. Estávamos do outro lado do mundo, naquele país que tinha nos acolhido de maneira tão calorosa. O país que se tornava nosso. O país que tinha estado além das nossas expectativas. Ele tinha nos alimentado com sua ternura, ele tinha nos ninado como uma mãe – ou, hoje posso dizer, como um pai! A partir daquele dia, ele ficou gravado em nós. Ele nos adotou, apesar de meu país impedir o meu filho de existir. Os Estados Unidos foram o país da minha liberdade, ainda que eu ame profundamente minha cultura e meu país, a França.

São Paulo, janeiro de 2016

PROSCRITO

Hoje, o governo francês pode me colocar na prisão por alguns anos e também me multar porque contratei uma barriga de aluguel. Por razões que não entendo, isso parece imperdoável para o povo francês. Ou talvez apenas para os políticos, que não querem mudar as leis por medo de não ser reeleitos. Se o desconhecido apavora, a rotina e o hábito destroem a nossa vontade de transformar, e apenas a transformação permite à humanidade evoluir. Na França, dizem as autoridades, "não se pode alugar o corpo humano", "não se pode escravizar uma mulher". Mas essas mesmas autoridades não veem nada de errado em deixar prostitutas na rua, morrendo de frio, proibidas de ter um teto sob o qual poderiam exercer o trabalho que escolheram. Em vez de criar uma lei para protegê-las dos verdadeiros tiranos, os proxenetas, optaram por excluí-las do mundo, pelo medo da diferença.

Obrigar um ser humano a trabalhar oito horas por dia em uma fábrica repetindo os mesmos movimentos o tempo todo para sobreviver – será que isso não é alugar o corpo? Qual é a diferença entre uma barriga de aluguel e escravizar o corpo de um atleta forçando-o a treinar durante anos e a se envenenar com drogas para ganhar o Tour de France sobre uma bicicleta?

O ser humano se assusta com tudo que não é semelhante a ele e acaba por apartar os diferentes. É assim que divide homens e mulheres em homossexuais e heterossexuais, pais ditos "normais" e pais ilegais. O homem procura discriminar o diferente para se convencer de que é perfeito e está no caminho certo. A falta de fé em si mesmo o leva a julgar os outros para se sentir melhor.

As mulheres que se ofereceram para nos ajudar a ter filhos nunca se sentiram escravizadas ou tratadas como um objeto. Pelo contrário, sentem-se orgulhosas de ter dado vida a um ser e a uma família

que hoje vive feliz e testemunha sua alegria perante o mundo inteiro. Assim se sentem Tricia, mãe biológica de Tancrède, e Celina, mãe
biológica de Elzear. Meus filhos são amados por dois pais que não se
cansam de agradecer a cada dia pela bênção de ter duas crianças tão
extraordinárias, dois meninos que, apenas por existirem, fazem de
nós os pais mais felizes do mundo.

Sou francês, mas meu país ainda considera o meu filho como um
estrangeiro e se recusa a reconhecê-lo como francês.

Em algumas noites, atormentado por esses fantasmas, não consigo pegar no sono. A sensação de me sentir de novo discriminado e
rejeitado pela sociedade voltou, evocando minha adolescência. Ainda me lembro do dia em que uma de minhas irmãs veio me dizer que
estava com vergonha de mim; alguém tinha dito a ela que eu era gay,
e ela não aguentava ser irmã de um gay. Dei o melhor de mim para
seus filhos, mas ela acabou por colocá-los contra mim por medo do diferente. Minha sobrinha, de quem cuidei ao longo de toda a infância,
não fala comigo há 15 anos, mesmo sabendo que meu filho esteve à
beira da morte. Minha outra irmã decidiu cortar relações comigo porque seu marido não queria mais me receber em casa; quando tive um
filho, foi demais para ele. Deixei de ser convidado para as festas de
Natal da minha família de sangue, bem como para quaisquer outras
comemorações, durante anos. Assim, meus filhos não tinham uma
família estendida do meu lado. Minha família não acha certo que eu
tenha gerado filhos sem mãe; no entanto, acha certo privá-los de uma
família estendida.

A maioria de meus amigos se afastou diante da constatação de
que sou gay. Minha mãe vivia dividida entre seu amor por mim e o
julgamento social da minha homossexualidade. Por fim, o amor venceu e, se minhas irmãs ainda ficam prisioneiras de seu medo, do medo da diferença, meus pais voltaram para nós. Mesmo que as festas
familiares sejam reservadas para a parte "normal" da família, so-

bram alguns dias do verão para meus filhos encontrarem meus pais.

Adulto, muitas vezes me vi compelido a esconder minha orientação sexual para concluir um negócio. Em 1998, muito antes da doença de Tancrède, decidi me tornar doador de medula óssea; após duas horas de testes, fui recusado pelo fato de ser homossexual. Aconteceu em Paris, mas ainda hoje, em São Paulo, você não pode se candidatar caso se declare homossexual! Assim, pelo fato de viver com outro homem, não posso salvar a vida de um ser humano. Assim, pela ignorância de alguns que se arvoram a criar leis insensatas, alguém pode morrer porque minha medula foi recusada na França como se fosse veneno.

Algumas noites, não durmo por causa das lembranças. Mesmo assim, perdoo a todos porque sei que tantas agressões têm raiz no sofrimento. Sou tão feliz hoje! Não apenas com David e meus filhos, mas porque me sinto unido a todos. Eu te amo, Laurence, irmã querida. Te amo, Claire, minha outra irmã, Elodie e Julien, meus sobrinhos. Amo você, Hugo, meu sobrinho, você a quem nem conheço porque seus pais não deixaram que eu me aproximasse.

Algumas noites, eu me sinto como um veneno para a sociedade porque dei à luz dois filhos. Mas consigo afastar esses pensamentos porque também me sinto luz. Tive a coragem de enfrentar a ignorância humana; consegui criar minha família, perdoar e amar. Agradeço a todos os desafios da minha jornada porque graças a eles conquistei tudo o que estou vivendo e posso compartilhar minha felicidade com todos.

Somos, David e eu, tão conscientes do privilégio de ser pais que aproveitamos cada momento com Tancrède e Elzear para compartilhar nosso amor. Sabemos que esse é o segredo para que eles desenvolvam uma personalidade livre e consigam, de verdade, expressar quem são. Ao se sentirem amados, nossos filhos amarão a si mesmos. E apenas quando nos amamos é que conseguimos amar e nos tornar

Família

generosos e amorosos para com os outros. Nossos filhos são assim, e dessa forma participamos da evolução da humanidade na direção de um mundo melhor.

Ainda assim, para o Estado francês, sou um veneno apenas porque recorri a uma barriga de aluguel.

Tricia é dona de casa, casada com um militar do Exército americano e tem três filhos. Tricia deu à luz Tancrède. Celina trabalha como educadora em uma escola, é casada com um engenheiro eletricista e também tem três filhos. Celina deu à luz Elzear. Nossa relação com essas duas mulheres, que criaram nossa família, é amorosa e plena de gratidão; nossos filhos nasceram porque elas duas tomaram a decisão de oferecer a vida a uma família.

Hoje, além de escrever, facilitar palestras e administrar nosso Centro de Evolução do Ser, o New Ways, sigo atuando também como terapeuta. Recebo mulheres e homens, casais e crianças, ajudando-os a entender a sua verdade e a resolver problemas e obstáculos que podem transformar a vida familiar em um inferno. Atendo meninas e meninos machucados após anos assistindo a brigas cotidianas entre seus pais, talvez já divorciados. Atendo pais que ainda não sabem de que forma amar o parceiro ou parceira, ou de que forma amar os filhos.

Não digo que David e eu sejamos perfeitos, mas criamos nossos filhos do melhor modo que podemos, e eles são muito felizes. Com 11 anos, Tancrède é suficientemente crescido para testemunhar essa felicidade. Então, quem são esses homens e mulheres que pensam saber melhor do que nós qual é a forma "adequada" de dar vida e felicidade a crianças? Ou qual é a forma mais "correta" de começar uma família? Nós sabemos, porque vivemos isso dia após dia, apesar da segregação, e queremos gritar ao mundo: "Vocês nos consideram diferentes, mas nos sentimos iguais a todos vocês! A única diferença é que nós os amamos como vocês são, segregacionistas ou não, intolerantes ou não, preconceituosos ou não. Antes de ser homossexuais, somos seres humanos. Não somos uma família homoparental; somos apenas uma família e não queremos ser definidos, apenas queremos seu amor, porque nós amamos vocês".

Quando todos tomarmos consciência de que formamos UM na Terra, e que aceitar a diferença é aceitar-se a si mesmo, o mundo terá chegado a outra frequência. Poderemos, enfim, conviver em paz.

O medo mata, a união cria.

San Diego, julho de 2004

O BEIJO

Nosso primeiro dia juntos fora do hospital passou muito rápido. Rápido demais. À noite, Allison veio nos fazer uma visita com seu namorado, Pope. Ela era a enfermeira titular do período noturno e, como tal, tinha abrigado Tancrède sob sua asa no hospital. Dela, eu aceitava ordens e restrições sem questionar, porque ela amava o meu filho. Ela deu tudo o que sabia, tudo o que podia, para que ele vivesse. Às vezes eu a via fora do hospital, muito raramente, porque não queria passar muito tempo longe dele. Acho que ela se apaixonou um pouco por mim. Talvez eu também tenha me apaixonado um pouco por ela. Talvez tenham sido simplesmente as circunstâncias que nos aproximaram. Nós tínhamos em comum a VIDA do meu bebê.

Eu tinha deixado uma garrafa de champanhe na sacada para tomarmos juntos. Pope e Allison tinham acabado de se conhecer, e eram lindos como todos os casais apaixonados. Eu estava exaltado devido aos acontecimentos do dia. Parecíamos três jovens adolescentes, felizes e despreocupados, levados pela excitação do momento. Demos muita risada. Tancrède ficou no meu colo e depois no de Allison durante quase todo o resto do encontro. A noite estava fresca. Nós o tínhamos agasalhado da cabeça aos pés, mas a brisa da noite fazia bem para ele. Foi um encontro mágico. Nós sabíamos, Allison e eu, que a partida estava próxima: eu iria embora de San Diego no dia seguinte.

Na hora de nos despedirmos, os dois me abraçaram. Fechei a porta. De repente, ouvi alguém bater; era Allison, que tinha esquecido a bolsa. Encontrou-a rapidamente e, então, me hipnotizou. Olhando fixamente nos meus olhos, estendeu os braços e enlaçou minha nuca com as duas mãos para puxar minha boca na direção da dela. Eu a beijei. Todas as nossas lágrimas se encerraram naquele beijo. Era o fim: não iríamos mais chorar juntos sobre a incubadora de Tancrède. Naquele beijo, a tristeza foi embora; por meio daquele beijo, a esperança começava. Ela desapareceu, não me dando tempo... tempo de beijá-la mais longamente, com mais ternura.

É estranho: não fiquei surpreso; fiquei até feliz.

São Paulo, junho de 2015

A MEDULA 9/10

A felicidade que senti quando chegou a notícia era desconhecida para mim. Uma felicidade límpida, inesperada.

Uma manhã, soubemos que o Redome havia localizado uma medula 9/10. Não era o resultado dos nossos sonhos, mas ficamos animados. Primeiro porque entendemos rapidamente o que aquela informação significava: um doador havia sido encontrado e, dos dez fatores de compatibilidade necessários para a realização do transplante, nove "batiam" com os de Tancrède. Segundo porque, se havia uma 9/10, certamente em algum lugar encontraríamos uma 10/10. Nem por um momento nos ocorreu deixar de procurar a medula mais compatível possível, enquanto tivéssemos tempo para isso, mas os médicos pareceram estranhamente satisfeitos com o resultado 9/10. As buscas no Redome foram interrompidas.

Tancrède já estava no hospital fazia meses. David e eu estávamos exaustos acompanhando diariamente a rotina das enfermeiras e dos médicos. A cada manhã colhia-se sangue para o hemograma, o exame mais importante para nós. Àquela altura, nosso filho tinha um cateter no peito para facilitar a coleta. Ele estava extremamente cansado e acordava por poucos minutos enquanto as enfermeiras faziam seu trabalho. Às vezes, nem sequer abria os olhos. Quanto a mim e a David, pouco dormíamos. A tensão era indescritível, e o menor barulho já nos deixava em alerta. Nós nos revezávamos para dormir com Tancrède até que, pouco antes do transplante, tive uma lesão na coluna por causa das noites mal dormidas no sofá do quarto hospitalar – aí, eu passava o dia todo no hospital e David me rendia no turno da noite. Tancrède pegava no sono tarde, envolvido com seus jogos eletrônicos ou assistindo a filmes conosco. Ele decidia o que queria fazer e não interferíamos; seu desejo era a única liberdade que tinha.

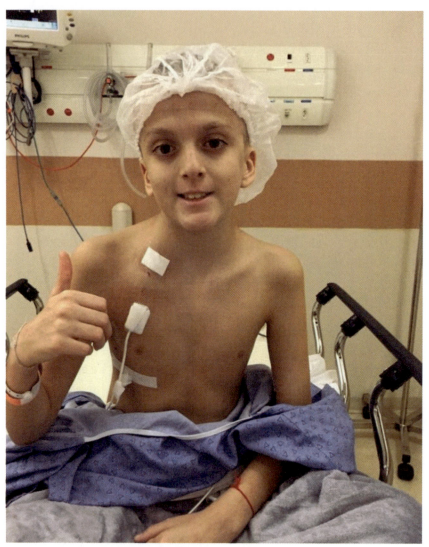
À espera

Todos os dias, esperávamos ansiosos pelo resultado do exame de sangue. Ele se tornou o termômetro do dia, nos avisando sobre a etapa de evolução da doença, para o bem ou para o mal. Nunca era igual, mas as surpresas raramente eram positivas. Aprendemos que a leucemia é uma doença que alterna altos e baixos. Nos comportávamos assim também, ora eufóricos, ora depressivos. Um dia, estávamos radiantes, supondo que o hemograma quase perfeito de Tancrède era sinal de uma cura espontânea, milagrosa; no outro era o contrário, e perseguíamos os médicos em busca de explicações que aplacassem nosso terror.

No hospital, éramos um pequeno time, sólido e unido. David e eu; nossa querida amiga Maria Eugênia; e algumas mães da escola, entre elas Samantha, presença forte nas reuniões com os médicos e na intensificação das buscas pela medula 10/10. Havia também as mulheres que chamei de fadinhas. Eu nunca as via, mas todos os dias elas nos enviavam pratos vegetarianos para o hospital. Era como se tivessem criado um fio de ouro conectando seus corações à vida de Tancrède e às nossas vidas, a David e a mim, aos nossos corpos. Tão gratos somos às nossas fadas. Não as conheci, embora saiba que uma delas tem uma empresa. Foi muito lindo, extraordinário, e nossa gratidão a essas fadas não tem fim.

E também houve Aline. Aline trabalhava em uma agência de viagens e era apaixonada pela espiritualidade. Depois de ter participado de um de nossos workshops, "O Despertar da Alma", aproximou-se de nós porque entendia nosso propósito e sabia da nossa verdade. Quando Tancrède ficou doente, ela se envolveu naturalmente no movimento para nos ajudar a salvar nosso filho. Como nós, ela sabe que a vida é o maior presente que recebemos, a prioridade suprema. Assim, dedicou um tempo infinito para organizar a distribuição das informações aos meios de comunicação que nos procuravam quase todos os dias. Tornou-se também nosso ponto de contato com as mães da escola, que faziam um trabalho incrível na busca da medula para Tancrède e na divulgação para as mídias.

Somos muito gratos a Aline porque, em meio à tormenta que nos colheu e na qual mal conseguíamos raciocinar, ela nos ajudou a estruturar nossos pensamentos e nossos atos diante dessa luta que tinha chegado a nossa vida de repente.

Alguns meses depois, ela se tornaria a gerente de nosso Centro de Evolução do Ser, o New Ways, onde trabalharia com amor infinito acolhendo pessoas e organizando todas as nossas atividades.

Foi muito importante a nossa nova notoriedade na mídia porque nos permitiu ter certa ascendência em relação à Santa Casa, a fim de incentivar os cadastros de medula óssea, e ao Redome, em que não confiávamos. Não precisávamos dessa ferramenta para pressionar o Hospital Albert Einstein: ali já tínhamos o melhor tratamento para Tancrède, além de um acolhimento cuidadoso para toda a nossa família.

Assim como Aline, tivemos também apoio de Claudia. Alguns anos antes, havia encontrado Claudia no clube de futebol dos nossos filhos e me lembro que tivemos uma conversa profunda e bonita. Logo depois, ela aceitou nosso convite e veio tomar um drinque com seu marido, Zé Roberto, em nossa casa.

O tempo passou sem que eu os visse de novo.

Um dia, quando Tancrède estava internado e não podia receber visitas, Claudia veio nos ver. Não a reconheci de imediato. Algo me dizia que nos conhecíamos, mas não me lembrava das circunstâncias. O fato é que Claudia estava agora com o cabelo muito curto, cinza, e tinha ganhado peso. Tudo fez sentido quando me contou que ainda estava se tratando após o terceiro câncer.

Ela me contou que pensava em Tancrède cada vez que a quimioterapia a fazia sofrer. Seus olhos brilhantes, seu sorriso e suas palavras acariciavam meu coração. Era estranho ver essa mulher se referir a Tancrède como um exemplo, um mestre, depois de tanto tempo sem vê-lo. Mas minha intuição me falava: "Escute, apenas escute". Então escutei, me emocionei, senti verdade e amor, e de repente tive vontade de chorar. Em geral, eu recusava encontros com quase todas as pessoas que se aproximavam.

Assim, mantinha minha força e não abria brechas para a emoção. No entanto, me abri com Claudia e ela se tornou uma grande amiga, não apenas para David e para mim, mas uma preciosa cúmplice para Tancrède e mais uma mãe para Elzear. Juntos ajudamos muitas pessoas, porque Claudia é muito generosa em tudo e entendeu que cada oportunidade de ajudar é também uma oportunidade para crescer e se expandir.

Nossa fé no milagre da cura de Tancrède era sólida e esperávamos o momento em que aconteceria. Eu sabia que não seria de um dia para o outro, mas sabia que os sinais chegariam. Àquela altura, tinha plena consciência de que nosso corpo é o reflexo e a encarnação de nossa alma, e precisa de tempo até mesmo para a cura. Nossa alma é um concentrado de luz, de Amor e da união com o Todo. Vibra em uma frequência intensamente sutil, um movimento constante de ondas de dentro para fora e de fora para dentro. Nossa sensibilidade é o motor e também a força maior de que somos constituídos, mas é também sutil e precisa de carinho, da mesma forma que nosso corpo. Tudo o que pensamos gera ondas que se concentram no coração. De lá, as vibrações se espalham para fora do nosso corpo, atraindo tudo de que precisamos para nossa evolução, inclusive desafios e surpresas, que podem se tornar oportunidades se tivermos a coragem de enxergá-los dessa forma.

Fazia anos que, graças ao meu trabalho como terapeuta, eu havia descoberto a origem das doenças. Assim, muitas pessoas me visitam para entender por que elas, ou uma pessoa próxima, estão doentes. Acredito que, descobrindo a razão emocional da doença, a maioria de nós pode reverter um estado de degradação física. Por vezes, o mal

128

está avançado e o corpo perde a capacidade de transmutar as energias emocionais densas gravadas nele. Já aconteceram milagres de cura em nossos retiros de sete dias – embora jamais tenhamos divulgado esses eventos para promover nosso trabalho. Até decidir escrever este livro, que considero uma oportunidade de ajudar quem deseja transformar sua vida.

Um dia, estávamos facilitando nosso retiro de sete dias, "O Despertar da Alma", e, sem saber por quê, as seguintes palavras saíram da minha boca: "Agora, se acreditar, você vai ser curada. Mas você precisa acreditar". A mulher a quem eu me dirigia, Monica, tinha chegado mancando ao nosso workshop, com uma tala no pé e uma bengala na mão. Fazia um ano e meio que não conseguia caminhar direito. Hoje sou incapaz de dizer por que falei isso para ela, mas foi no momento certo. Aconteceu exatamente antes de colocarmos uma música apropriada ao estado de meditação. Após 20 minutos, desligamos o som e Monica se levantou sozinha, deixando a bengala no chão e gritando: "Estou curada! Estou curada! Senti tudo..." Na nossa frente, ela tirou também a tala do pé, correndo no centro do círculo para mostrar a todos que estava de fato curada. Ficamos de boca aberta. Por estranho que pareça, eu não estava surpreso porque não me sentia responsável por aquela cura. No fundo, eu sabia de onde ela vinha.

Monica tinha vivido uma separação brutal do marido, que a tinha deixado de um dia para o outro, e ela se sentia totalmente abandonada, como uma criança ferida, sem poder. Mas naquele dia ela tinha vencido porque, durante o retiro, finalmente havia perdoado o ex-marido. Quando as pessoas chegam a "O Despertar da Alma", ou a qualquer curso que eu facilite, já desde o primeiro dia consigo enxergar onde está o problema, a ferida, o ponto fraco a trabalhar em cada uma. É meu dom e meu talento. Se o participante aceita olhar de verdade para seu ponto fraco, ele está pronto para se curar. E às vezes não apenas psicologicamente, espiritualmente, mas também fisicamente. Nessas vivências que propus, Maria Eugênia, David e eu nos aplicamos a criar uma frequência de amor entre todos no círculo, que cresce ao longo do workshop, quer ele seja de um ou de sete dias. Essas vibrações de compaixão criam uma consciência que pode participar na cura de qualquer ser humano que aceita se render.

Penso que toda doença é um pedido de ajuda emitido por nosso corpo. Acredito que todo processo de cura passa por uma transformação pessoal e pela vontade de se curar. Muitas doenças persistem porque no fundo as pessoas estão pedindo amor; não querem ser curadas, querem continuar recebendo carinho em função de seu estado, e creio que aconteceu isso com Tancrède. Observei meu filho todos os dias, e essa é a conclusão à qual cheguei. No hospital, mesmo melhorando dia a dia, ele tinha medo de voltar para casa. Tinha medo de não receber todo o cuidado que recebia no hospital. Tinha medo da dor, mas também de ser privado de todo esse amor. Nosso filho foi tocado pela dor, mas não pela gravidade da doença.

Os milagres acontecem regularmente em nossas vidas; apenas precisamos abrir os olhos e entender por quê. São o resultado de uma transformação, interna e externa. Às vezes, Deus ou a nossa alma manifestam os milagres para nos indicar o caminho, e nesse caso eles acontecem quando estamos prontos emocionalmente. A força do Amor respeita nosso nível de evolução. O fenômeno do milagre exige a participação de cada um: é preciso querer e fazer sua parte, seu trabalho interior, para que a transformação transborde de você.

Porém, se conseguimos analisar nossa vida como criadores, não como vítimas, descobriremos que tudo é sinal, tudo é símbolo, tudo tem um sentido e um significado, tudo é consequência de nossos pensamentos e atos – mesmo a doença. Para enxergar a vida sob essa nova luz, é preciso olhar primeiro para dentro e entender que temos o poder de criar tudo ao nosso redor. A vida é apenas a consequência de nossos pensamentos, de nossa coragem, de nossos medos, de nosso amor para tudo e todos. Quando nos unimos por dentro, as tensões somem, o corpo relaxa e a energia vital e curativa da humanidade e do Universo circula nas veias. Todas as tensões criam bloqueios físicos e emocionais. Toda mudança de paradigma cria algo novo fora de você e transforma sua vida. O movimento interno cria um movimento externo.

Acredito que minha missão é transmitir o entendimento e as ferramentas para criar os milagres da cura, da abundância e da felicidade. Assim, já atendi milhares de pessoas e participei da transformação de milhares de vida. Tive o privilégio de aprender com cada uma e de servir a elas para alimentar minha felicidade, e eu sou feliz!

San Diego, julho de 2004

A VIAGEM

Despertar ao amanhecer. Acomodar nas malas, meticulosamente, todas as roupas e objetos que, durante quase dois meses e meio, tinham feito parte do meu universo naquele quarto de hotel. A bagagem toda me parecia luxuosa demais. Desde que Tancrède tinha nascido, o valor que eu atribuía às "coisas" tinha mudado; o essencial apagava o supérfluo.

Saí do hotel sem nem mesmo verificar a conta; não faria sentido, já que eu distribuíra gorjetas a torto e a direito para aqueles que tinham sido tão gentis comigo durante tantas semanas. Corri até o carro, estacionado na frente do hotel, e percebi como todos tinham estado presentes e tinham sido atenciosos. Eu os agradeci com um sorriso de reconhecimento.

Na estrada, não conseguia tirar a mão direita da barriguinha dele. Era mais forte do que eu: segurava o volante com uma mão e mantinha a outra estendida para trás, sentindo o abdômen do meu filho inflar e desinflar com a respiração e seu coração bater. Foi uma viagem perigosa, que, sem dúvida, teria me custado uma batida em uma pista parisiense, mas ali os carros avançavam devagar.

Colleen, a minha enfermeira tão doce e amável, a minha amiga, estava à nossa espera no aeroporto para me dar apoio e me lembrar de tudo que eu não podia esquecer. Eu estava em cima da hora e, se não pegasse aquele avião, poderia perder a conexão em Londres. Tinha preparado mamadeiras suficientes para Tancrède, mas não para 48 horas. Eu levava uma mala de bordo e uma bolsa grande, além do meu bebê, instalado confortavelmente em um canguru preso à minha barriga, com o monitor pendurado no ombro, ligado a ele por dois fios! Me parecia pouca bagagem, mas era tudo o que a companhia aérea permitia.

Finalmente cheguei ao pé do avião. Estava muito cansado, mas ninguém se ofereceu para me ajudar a subir a escada até a cabine do avião. Um atendente de bordo, atrás de mim, deu um tapinha nas minhas costas para avisar que um fio do monitor ficara preso no corrimão da escada. Tancrède não estava mais conectado. O atendente me ignorou. Com as malas debaixo dos braços, fazendo malabarismos, tirei parte da roupa do meu bebê para recolocar os adesivos e, sob o olhar indiferente da comissária, continuei subindo a escada, todo desajeitado.

Apesar da reserva feita com tanta dificuldade por meio da minha agência de viagens em Paris, ao entrar na cabine percebi que as primeiras poltronas já estavam tomadas. O corredor estreito demais entre os assentos dificilmente me permitiria chegar aos nossos lugares no fundo do avião sem arrancar mais uma vez os fios do monitor. Todo mundo, incluindo a comissária, parecia nos ignorar. Precisei esperar dez minutos e praticamente implorar para que um casal de jovens passageiros cedesse o lugar deles na frente. Durante todo esse tempo, a comissária estava muito ocupada arrumando suas garrafas.

Foi assim que, em 24 horas, descobri de maneira brutal como podia ser relativo o nível de consciência do ser humano.

Ao chegar a Los Angeles, expliquei a situação ao funcionário da companhia aérea: depois de dois meses de hospital, meu bebê e eu estávamos muito cansados e precisávamos fazer nosso check-in com rapidez. O rapaz fez uma expressão de desprezo e disse que nossos nomes não estavam no sistema. Comecei a entrar em pânico. Depois de dois meses angustiantes em um hospital, esperando diariamente que meu filho pudesse sair no dia seguinte; depois de dez dias de estresse extremo, em que os acidentes respiratórios se multiplicaram, felizmente sem maiores consequências; com o frio na barriga de não poder retornar ao meu país, onde recorrer a uma barriga de aluguel ainda é crime, fui recebido com a informação de que meu nome não estava no sistema. Fiquei desesperado. Meu agente de viagens tinha, obviamente, providenciado tudo havia muito tempo. Eu tinha o código da reserva e todos os documentos para que meu bebê viajasse legalmente, inclusive um certificado médico liberando-o para viajar de avião. Tinha cumprido todas as formalidades exigidas para minha partida.

De tanto que insisti, o funcionário do guichê finalmente encontrou meu nome. Depois, procurou longamente o nome de Tancrède. Por fim, desapareceu. Meia hora mais tarde, quatro policiais chegaram para nos fazer todo tipo de pergunta a respeito da minha identidade e da do meu filho. Respondi sem hesitar, mas não foi suficiente para eles, porque todos permaneceram postados ao meu redor, como se eu fosse fugir. Terminaram por me informar que a diretora da companhia aérea tinha mandado chamá-los relatando uma situação de desordem. Nós éramos intrusos por sermos diferentes: um pai estrangeiro viajando sozinho com o filho doente era uma coisa suspeita.

Meu filho começou a chorar; estava com fome. Eu estava exausto, mas precisava segurá-lo no colo. Pedi uma cadeira para poder lhe dar a mamadeira, mas me negaram. Uma pequena multidão se formou ao nosso redor, as pessoas nos olhando como se fôssemos animais exóticos. Tancrède era tão pequenininho. Crianças se aproximavam para tocá-lo e eu as afastava com vigor, sob o olhar indiferente dos agentes de polícia. Finalmente, depois de 45 minutos em que Tancrède chorou sem parar, esfomeado, alguém trouxe uma cadeira e a colocou na frente dos guichês. A policial espiava com visível irritação. Estava pronta para nos levar para a delegacia e claramente desaprovava o fato de terem trazido um lugar para eu me sentar. Constrangido, alimentava meu filho, que sugava sua mamadeira na frente de dezenas de bisbilhoteiros, debaixo do nariz de policiais armados, bem no meio do aeroporto. Eu tinha sido um pai exemplar durante dois meses, meu filho tinha lutado com coragem, mas agora éramos prisioneiros de quatro policiais.

Foram três horas de medo. Duas horas e 15 minutos em pé e 45 minutos sentado, antes de receber autorização para tomar meu avião.

Em Londres, onde faríamos conexão, tinham me prometido uma

cadeira de rodas para eu me deslocar entre os terminais; sentia que podia perder os sentidos a qualquer momento, de tão exausto. Tinham me prometido também que eu não precisaria passar pela imigração. Um rapaz, funcionário da empresa aérea no aeroporto de Heathrow, empurrou a cadeira por uns 30 metros, mas, assim que saiu da vista dos colegas, nos fez levantar da cadeira de rodas e caminhar, apesar das minhas súplicas. Ameacei gritar por socorro para atrair a atenção da multidão de passageiros que embarcavam do outro lado do vidro. Pensava que alguém com certeza iria reagir, já que nem o dinheiro nem as súplicas nem as lágrimas e muito menos a imagem dramática do meu pequenino serviam para amolecer alguém. Ao perceber que a situação estava ficando complicada, ele pegou o telefone e contatou uma mulher que concordou em nos acompanhar, desde que fôssemos caminhando. Ao nos ver, ela deixou cair uma lágrima discreta; tinha compreendido. Era a primeira vez que um olhar compreensivo pousava sobre nós desde que tínhamos saído de San Diego. Aquele olhar me deu um breve instante de conforto, mas eu não tinha tempo para me demorar.

Alguns minutos depois, perdi os sentidos e caí de costas no chão. Meu filho continuava preso à minha barriga, e felizmente não aconteceu nada com ele. Devagar, com muita dificuldade, retomei a consciência. Meus nervos não estavam suportando, mas eu precisava me segurar. Levantei-me e continuei caminhando até o portão de embarque. Alguns passageiros falavam comigo, mas eu não dizia nada, já não tinha forças. Uma mulher sentada perto de mim me cansava com seu fluxo de palavras indistintas, esperando respostas que eu não dava; a única coisa que me ocorreu dizer foi: "Não estou disposto a falar".

No avião, eu não parava de checar se estava tudo lá: os remédios dele, as mamadeiras, o material de recarga do monitor; eu refazia testes para ter certeza de que tudo estava funcionando bem. Depois, pedi à comissária que colocasse minha mala pequena no comparti-

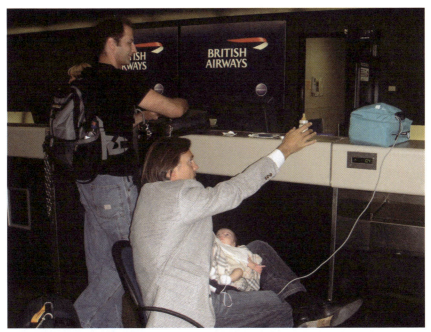
Horas de pânico: tentando embarcar dos Estados Unidos para a França

mento superior do avião. Era um movimento impossível para mim, carregando Tancrède. Ela se negou de cara, alegando que a mala, que continha todo o essencial para a vida de Tancrède, era pesada demais. Felizmente, um vizinho de assento me ajudou.

Por que os funcionários da empresa agiam de maneira tão grosseira conosco? Hoje, a resposta a essa pergunta não é mais mistério para mim. Um pai sozinho com um bebê, doente de tanta preocupação, é algo que incomoda e embaralha os esquemas impressos na mente dos observadores. De maneira consciente ou não, é uma imagem que os perturba, uma imagem que eles rejeitam porque coloca em questão tudo o que viram ou conheceram até então. Eles não entendem. A mentalidade dos seres humanos funciona de maneira tal que reproduz aquilo que já experimentou, mas se assusta diante do desconhecido, daquilo que não corresponde a um modelo já reconhecido. Mais uma vez, é uma escolha que se apresenta: a escolha da coragem, de transcender as aparências, ou a escolha da facilidade, da preguiça, da rejeição.

Quando aterrissamos em Paris, observei os quepes no fundo do saguão de chegada. Seria a terceira imigração desde a partida – e também a mais perigosa. Eu soubera que, algumas semanas antes, um bebê nascido de barriga de aluguel tinha sido levado pela polícia e enviado ilegalmente para uma instituição governamental, onde permaneceu por quase dois meses. Eu jamais teria suportado essa situação. Vi uma moça que também carregava um bebê nos braços. Fiquei bem juntinho dela ao chegar aos guichês da imigração. O agente deve ter achado que ela era minha esposa, como eu esperava que acontecesse; assim que mostrei meu passaporte, ele fez sinal para que eu passasse e me abriu um enorme sorriso. Ele nunca vai saber a alegria que me deu ao fazer um sinal com a mão indicando o caminho. O passaporte norte-americano de Tancrède estava escondido no bolso, mas ele não tinha documentos franceses.

Saí correndo na direção da sala das bagagens e lá me sentei no chão, exausto, me desmanchando em lágrimas diante da esteira. Eu chorava de alegria, não conseguia parar: meu filho e eu estávamos a salvo. Vinte minutos depois, senti um tapinha nas costas. Eu me sobressaltei. O homem que queria falar comigo era o mesmo que tinha se sentado à minha frente no avião e que tinha me ajudado desde a chegada. Ele tinha esperado, com toda a delicadeza, até que meu choro se acalmasse, para só então entregar minhas malas. Ele as colocou na minha frente, afastou-se silenciosamente e não fez nenhuma pergunta. Durante algumas horas, eu soube que podia contar com ele.

Julien, meu sobrinho, estava à minha espera do outro lado do vidro, preocupado por me ver naquele estado. Entre dois soluços de alegria, ergui o polegar para indicar que estava tudo bem. Não conseguia falar, mas ele entendeu. Ele me acolheu de braços abertos; seria o padrinho do meu filho.

Paris, 10 de julho de 2004

O AR QUE TANTO AMO

Algumas semanas antes do nascimento de Tancrède, eu havia comprado um apartamento magnífico em um hotel *particulier* na Rive Gauche. Enquanto estava em obras para nos receber, aluguei um imóvel de quatro cômodos na rue de Castiglione, no coração da cidade. Com um bebê, achei que seria mais fácil administrar as coisas assim, em vez de ficar em um hotel. Uma amiga de infância tinha me emprestado um carrinho de bebê inglês, azul-marinho, magnífico, que atraía todos os olhares! Ela o tinha deixado em Paris com todo o carinho antes de eu voltar. Eu podia usar a parte de cima como berço. Foi um milagre encontrar o apartamento arrumado minuciosamente quando chegamos. Eu havia preparado a mudança apenas 24 horas antes de tomar o avião para San Diego, mas consegui arranjar um apartamento perfeitamente adaptado à nossa nova vida.

Feliz de conhecer o afilhado, Julien passou parte da noite conosco. Em poucas palavras, contei a ele sobre nossa vida em San Diego e o perigo que pairaria sobre a vida de Tancrède até que ele completasse 1 ano. Mas Julien é otimista, e sua alegria nos deu segurança; sua presença nos trouxe o calor da família reunida.

Quando ele foi embora, retomei minha intimidade com Tancrède. Os momentos que passo sozinho com meu filho, sem testemunhas, são preciosos. Ele tinha permanecido calmo e quietinho durante toda a viagem, como se compreendesse que precisava me ajudar. Eu havia tomado o cuidado de explicar a ele como seria nosso périplo no dia do embarque.

Nós estávamos no meu país.

Eu iria mostrar a ele o ar de Paris que tanto amo. O ar das casas antigas de que tanto sentia falta, o ar dos cafés indispensáveis, sujos e enfumaçados, o ar dos carros que não respeitam os pedestres, o ar da torre Eiffel e das estátuas das Tuileries. O ar das mulheres elegantes em uma época em que a roupa já não é mais critério no resto do mundo, o ar das burguesas contidas ou das vendedoras nervosas, o ar dos porteiros ofegantes e dos funcionários imperturbáveis, o ar dos aristocratas falidos. O ar de Haussman[2], que escapa dos pórticos opulentos, o ar nobre e tranquilo dos prédios residenciais do 7ème. Arrondissement ou o ar discreto dos palácios do Marais, escondidos atrás de muros intransponíveis. O ar dos museus poeirentos, guardando séculos passados que não desaparecerão jamais, ou dos novos museus, que ainda procuram uma identidade, apesar dos especuladores. O ar de uma capital que se esfarela sob as riquezas de uma cultura antiquada, um ar tomado por paradoxos que se assemelham a mim.

Paris, minha Paris... Às vezes você me cansa, mas eu a reencontro sempre com alegria indescritível. Quando tinha 7 anos, comuniquei aos meus pais: "É aqui que um dia vou morar"; aos 20 anos, tornei-me parisiense. Minha mala não era exatamente de papelão, mas não era muito grande. Paris me prometia todas as esperanças. Paris não me decepcionou, do mesmo jeito que não me poupou, porque, em Paris, sempre há um preço a ser pago.

Naquele dia, apresentei a capital ao meu filho! Naquele dia, tive a necessidade de exclamar, com toda a inocência, à cidade inteira, o amor que sentia por ele: às paredes, às árvores, ao asfalto, a todas as pessoas com quem cruzei. Extravasar a felicidade que inchava minhas veias, a energia que fervilhava dentro de mim e precisava sair. O que terão pensado as pessoas que viram aquele homem maluco de felicidade, com um bebezinho no colo, atrás de uma árvore, declarando a plenos pulmões a quem quisesse ouvir: "Eu te amo!"?

---

2. Haussman foi primeiro-ministro de Napoleão III durante a segunda metade do século 19. Ele refez a arquitetura da cidade de Paris, sacrificando alguns edifícios particulares para criar grandes artérias como a avenida de l'Opera e os bulevares Saint Germain, Saint Michel e Sébastopol.

Aquela primeira noite em Paris, assim como as anteriores e as seguintes, aliás, foi pontuada por momentos de adormecer e logo despertar para ficar acordado, de sonos leves. Eu tinha colocado o berço do carrinho ao pé da minha cama. Antes de dormir, expliquei a Tancrède onde ele morava agora. Naquela época, ele ainda dormia entre 22 e 23 horas por dia. Falei sobre nosso futuro juntos, sobre a cidade, sobre coisas essenciais e supérfluas. Eu descrevia a vida que ele ainda não era capaz de enxergar.

Dijon, julho de 2004

DE VOLTA ÀS ORIGENS

O dia seguinte foi de descanso, mas já no outro partimos para Dijon, minha cidade natal. Fizemos um desvio até Troyes para ver amigos de infância que tinham se mantido próximos mesmo após a revelação da minha homossexualidade. Eu tinha orgulho de exibir meu filho, e fiz questão de incluir essa etapa na nossa viagem. A família toda me esperava: Marie Laure, Hervé, dois menininhos e a irmã mais velha. Eles tinham preparado uma festa, e a casa nos acolheu sob as árvores floridas naquele lindo dia de verão. Um berço tinha sido preparado especialmente para Tancrède, e dava para ver a alegria no rosto das crianças. No fim da tarde, retomamos a viagem para Dijon. Sempre me lembrarei daquela tarde deliciosa.

Quando cheguei à minha cidade natal, nenhuma das minhas duas irmãs teve tempo de vir nos ver. Fazia meses que não nos encontrávamos. Elas, claro, não conheciam meu bebê. Que família curiosa. A mais velha chegou a tomar providências para nos evitar, apesar de eu ter me dedicado aos dois filhos dela desde sempre. Ela diria mais tarde, por ocasião do batizado do meu filho: "Vou fazer de tudo para não me apegar a essa criança; se pelo menos fosse adotado, seria diferente..." Naquele dia, movido por um reflexo primitivo de proteção, tomei a decisão estúpida de que meu filho não teria oportunidade de se apegar a ela. Nunca mais voltei a vê-la, ainda que um reencontro pudesse ter feito bem a todos nós. Minha outra irmã também acabou desaparecendo das nossas vidas. Fico triste por elas; imagino as dificuldades por que passam e, no meu coração, as perdoei.

Já meus amigos Jacqueline, Florence, Marie-Laure, Christine e Nicolas tinham organizado uma festa-surpresa para nos dar boas-vindas. Eu conhecia a casa de Florence desde os 13 anos. Como estava feliz por mostrar meu filho! A amizade que eles demonstravam para comigo incluía Tancrède, e ele sabia: não chorou nenhuma vez. Excepcionalmente, ficou acordado durante quase toda a noite, no terraço que dava para o jardim, como se quisesse aproveitar cada minuto. Três gerações estavam reunidas. Eu tinha me tornado pai de família; pela primeira vez, era como Nicolas, e eles festejavam o fato... Era tarde, o tempo tinha passado desde nossos 13 anos, quando saíamos daquela casa no meio da noite pela janela para encontrar os amigos, mas nos sentíamos bem. Muitas coisas eram proibidas por nossos pais, mas o prazer de enfrentar o proibido dava à nossa vida de adolescentes um ar de aventura. Fumávamos cigarros, roubávamos alguns beijos, experimentando provavelmente pela primeira vez a maturidade de nossos corpos e nossos corações, e escutávamos música, às vezes no meio da noite. Depois estávamos prontos para cometer qualquer imprudência que desobedecesse às regras de nossas famílias, longe de casa.

Florence, Marie-Laure e eu éramos amigos, mas eu era bem mais ligado à mãe delas, Jacqueline, que se transformou em minha melhor amiga, depois de ter sido minha segunda mãe e minha guia. Meu amor nunca desistiu de Jacqueline. Nossa aventura parece remontar à noite dos tempos e se resume muito bem em algumas palavras, no nome que sempre considerei tão doce de pronunciar: Jacqueline, minha Jacqueline. Nossos 35 anos de diferença nunca existiram. Amo você, Jacqueline. Jacqueline não está bem, sofre de Alzheimer. Alguns dias atrás, me contou que está esperando minha próxima e última visita.

Depois de Dijon, fui encontrar meus pais nos Alpes, em uma linda casa de madeira perto do Lago Léman, onde eles passavam as férias. Julien foi meu fiel companheiro de viagem. Fazia anos que eu não visitava o chalé da família. Durante as férias de inverno, passávamos os dias subindo e descendo as montanhas nevadas. O inverno compreendia o Natal, o Carnaval e a Páscoa, feriados que passávamos com esquis nos pés. Nos meses de verão, julho e agosto, subíamos até os picos e mergulhávamos nas águas do Lago Genebra.

Eu tinha belas memórias das férias naquela casa. No entanto, a chegada do meu filho, que meus pais viam pela primeira vez, fez com que eu mergulhasse em um passado familiar que não desejava reviver. Era pesado demais. O filme da minha infância aparentemente ideal passava perante meus olhos, de alguma forma eu tinha medo de que meus pais também pudessem estragar meu bebê. Eu me sentia ingrato por pensar uma coisa assim. Claro que eles tinham dado o melhor de si para nos educar. Mas isso não fazia as dores desaparecerem. Minha infância tinha sido uma enorme provação a ser superada para que eu conquistasse o direito de existir.

Só aos 23 anos descobri que viver podia ser agradável, às vezes até maravilhoso. Foi quando saí de uma depressão que tinha durado anos, sem que eu soubesse lhe dar nome. Percebi naquela época que a depressão não estava presente na vida de todo mundo, apesar de fazer parte da minha desde que era capaz de me lembrar; também era possível ser feliz.

CARTA AOS PAIS
Mamãe, papai,

Por nos terem ignorado durante dois meses e meio no hospital,
Por não terem telefonado para San Diego,
Por não nos terem recebido no aeroporto de Paris nem em Dijon,
Por não terem escrito,
Por não terem olhado as fotos que mandei do meu bebê,
Por não terem dito: "Seu bebê vai se salvar",
Por não terem escutado minhas lágrimas através das paredes,

Por não terem percebido minha angústia.

Por sua violência, papai,
Por não ter expressado seu amor,
Por não ter visto minhas dores,
Por me ter julgado,
Por nunca ter dito que se orgulhava de mim, ou mesmo ter pensado isso,
Por não ter feito nada quando o motorista de ônibus me violentou aos 11 anos,
Por não ter percebido como Tancrède estava em perigo.

Por ter aceitado a violência de papai contra mim, mamãe,
Por me ter abandonado aos 20 anos, quando minha vida estava em perigo,
Por ter sempre pensado que vocês eram a moral respeitável,
Por sempre ter tido medo dos outros e do que eles pensavam,
Por me julgar e mentir para mim,

Por tudo isso, tentei não amá-los, mas não consegui.

Por nos terem acolhido calorosamente, a Tancrède e a mim, meses depois,
Por seus novos sorrisos,
Por suas gentilezas,
Por ter feito o berço dele, mamãe,
Por telefonar para ele de vez em quando,
Por conversar com ele e admirá-lo,
Por finalmente me considerar como seu filho,
Por tentar me mostrar seu amor,
Por se dirigir lentamente a novos valores,

Por falar comigo de outro jeito,
Pelo afeto.

Por tudo isso, eu os amo.
A gente só dá o que pode.
Foi assim que vocês fizeram o que lhes parecia bom.
Hoje não sou apenas grato, não apenas amo vocês, mas admiro vocês.

INDIFERENÇA

Aqueles dez dias em família foram difíceis, apesar das minhas esperanças. Estava tão contente por apresentar meu filho para eles, mas meus pais ainda não tinham compreendido. Eu chegara destruído, meu filho ainda corria perigo, monitorado por um aparelho; eu contava com o amor deles, mas estava errado.

Eles pareciam quase bem, apesar de apenas um ano separá-los da morte de seu segundo filho, meu irmão, que tinha sido tão terrível para eles.

Eu não queria deixar Tancrède nos braços deles. Uma vez, porém, ele ficou menos de uma hora sozinho com minha mãe. Quando o peguei, estava com um carrapato enorme preso à coxa, e só percebi de noite, apavorado. Meu pai, médico, limitou-se em dizer: "Não é nada". Uma simples infecção poderia ter colocado Tancrède em perigo.

Um dia, depois do jantar, comecei a ler para minha mãe uma pequena passagem do diário que tinha escrito em San Diego. O desespero exsudava das minhas palavras, e meus olhos imploravam que ela escutasse. Eu pensava que uma mãe poderia curar as feridas, mas ela adormeceu, e eu mal tinha começado.

Fui ingênuo. A culpa não era deles. Tinham vivido a morte trágica de Pascal, meu irmão mais velho, 30 anos antes, e ainda a morte mais recente de François-Xavier, meu irmão mais novo. Haveria como consolá-los dessas dores? Eles não tinham culpa porque não eram capazes de compreender; tinham vivido para não compreender.

Meu impulso era fugir da casa para onde fui achando que meus pais iriam me ajudar. Por isso, ia quase todas as tardes para o Hôtel Royal de Evian-les-Bains. Lá, mulheres bonitas vinham conversar com meu bebê, que, muito rápido, tornava-se o bebê "delas"! Todas gostariam de dar mamadeira a Tancrède! Eu era pai solteiro e isso não chocava ninguém. Porque eram mulheres, e mulheres enxergam instintivamente o amor que conecta o ser humano a um bebê. Na verdade, eu era fonte de admiração.

De volta a Paris após dez dias de vida ao ar livre, precisei de quase três meses para retomar a existência normal, até a chegada de Marinella, a babá que dedicou tantos cuidados a Tancrède, tanta doçura e tanto carinho.

São Paulo, junho de 2015

A CONEXÃO

Durante a longa e sofrida internação de Tancrède, eu trabalhei.

Meu sonho era poder morrer para salvar meu filho, e via na situação dele uma injustiça muito grande: por que não posso morrer para que ele viva? Não tem lógica, eu sei, mas se tornou um pensamento recorrente. Quando se trata da sobrevivência de uma pessoa que faz parte do seu ser, você se responsabiliza pela vida e pela morte dela. Está pronto o oferecer tudo por ela. Minha visão da vida não tinha importância nenhuma, nem minha relação com o outro. Era como se eu estivesse totalmente liberto de mim mesmo. Minha única ambição era salvar meu filho.

Quando não temos medo de nada, porque nossa vida não conta mais, só sobra uma atitude: viver o momento presente, e ele era apenas importante por causa de Tancrède. Para salvá-lo, eu precisava estar vivo, e a melhor forma que encontrei para continuar vivo era atender as pessoas todas as manhãs. Foi assim que descobri que oferecer ajuda ao outro cura. Isso me trazia uma força interior que não consigo explicar, mas foi vital para mim. Algumas pessoas me disseram: "Luc, gostaria de vir, mas sei que seu filho está no hospital, imagino que não possa atender". O que acontecia era justamente o contrário. "Venham", eu respondia. "Não é porque meu filho está no hospital que precisam parar de vir, é bom para mim, é mil vezes bom para mim."

Esse curioso paralelo entre atender e viver o momento mais difícil da minha vida me trouxe um equilíbrio indispensável. Quando nos unimos ao outro, nos multiplicamos. Quando nos dedicamos ao outro, nos tornamos dois: a soma do outro e de nós mesmos. Quando somos muitos, todos se somam a nós, à nossa personalidade; quando isso acontece, crescemos, inevitavelmente.

Os atendimentos me deixaram extremamente forte: mais uma sensibilidade que a vida me ofereceu por meio da doença de Tancrède.

Era minha recarga de energia para voltar ao hospital.

A verdade é que somos um, e quando nos conectamos verdadeiramente nos preenchemos. Quando nos dedicamos totalmente a alguém, o coração desse alguém vem nos preencher e nos fortalecer para continuar. O período em que Tancrède esteve hospitalizado foi uma inspiração para me dedicar ao outro. Parei de me olhar com autopiedade e voltei a atenção para meu poder de participar da transformação das pessoas! Eu estava finalmente pronto para enfrentar a doença. Para lidar com o aspecto físico do meu filho, que estava totalmente branco, sem cabelo, com as unhas pretas, a pele maltratada. Estava pronto para vê-lo chorar diante de mim várias vezes durante a tarde. Estava pronto para correr até o posto de enfermagem, desesperado, pedindo: "Ele está sofrendo, façam algo, façam algo!" E depois voltar ao quarto me perguntando por que tudo aquilo estava acontecendo com ele. Pronto, também, para compreender que aquela pergunta não tinha sentido. O sentido maior dentro de tudo o que ocorria ao nosso redor era apenas este: se vivo isso, é porque algo deve ser feito. E eu fazia: o tempo todo, buscava dar um sentido a tudo; não uma explicação racional, mas um sentido. Sabia que não era por nada, e aos poucos entendi que minha doença tinha que se curar também. Minha doença é a da maioria dos seres humanos: não enxergar quem somos! A luz, o anjo, o amor que eu sou, que estou aqui para compartilhar. Tancrède veio me mostrar a parte mais pura, mais verdadeira do meu ser, o essencial, minha relação com o mundo, o que estou fazendo aqui, como pai, como amigo, como terapeuta.

E também como filho.

Pela primeira vez desde que tínhamos nos mudado para o Brasil, mobilizada pela doença de Tancrède, minha mãe veio nos visitar. Sua vinda, após oito anos, fez parte do meu processo de compreensão do sentido de tudo o que nos acontecia. Ela nunca havia aceitado minha homossexualidade, apesar de fingir o contrário, porém o câncer do nosso filho era uma realidade forte demais para ser ignorada. Nos últimos anos, sabendo que meu pai não estava bem de saúde, tínhamos nos falado regularmente. Mesmo assim, enquanto esteve conosco, ela me agredia o tempo todo. De comentários depreciativos sobre quão perigoso era o Brasil até a situação constrangedora durante uma palestra que fiz em um shopping em São Paulo, quando se levantou, pegou o microfone e fez perguntas com a intenção clara de me colocar em uma situação difícil. Finalmente percebi que ela sempre havia me agredido, desde meu nascimento, e que eu nunca tinha pensado que uma mãe poderia ser diferente. Aterradora, essa constatação também teve um lado bonito: percebi que não precisava provar mais nada a ela. Eu acolhia a atitude ofensiva da minha mãe, porque era óbvio que não se dava conta das próprias palavras. Era apenas a voz do seu consciente que vinha agredir um homem, o próprio filho, que sempre representou a diferença para ela, o lugar do desconhecido, o medo. Assim, eu preferia rir e cultivar a paz em vez de me ofender. Era a história dela, não a minha.

Estávamos rompidos desde o nascimento de Tancrède, porque meus pais não aceitavam meu desejo de ser pai. Uma de minhas irmãs não me convidou para a primeira comunhão do filho dela. Para justificar a atitude da filha, minha mãe disse que Tancrède não se sentiria bem, mas a verdade é que minha irmã não queria convidar meu filho porque era filho de um gay. Nessa ocasião, fui duríssimo com meus pais e os ameacei: se fossem à cerimônia, aceitando essa agressão silenciosa ao meu filho e a mim mesmo, nunca mais falaria com eles. Afinal, argumentei, o papel deles, como pais e avós, é defender um filho e um neto que estão segregados. Eles foram à festa sem meu filho, todos contra mim. Fiquei cinco anos sem falar com minha família e sete sem falar com meu pai.

Quando tive meu filho, descobri que a relação entre pais e filhos pode ser totalmente diferente. Abraço e beijo Tancrède e Elzear como nunca fui abraçado e beijado. Desde o câncer, mais do que antes. Durante o longo tratamento, me habituei a beijar o crânio do meu filho quando não havia a proteção do cabelo – e só quem já beijou a fragilidade exposta do próprio filho, como eu, sabe como isso é forte. O corpo dele se tornou um presente. É um corpo vivo e quero senti-lo: quando ele encosta o braço no meu, sinto uma alegria, um calor e percebo nesse gesto simples a presença do outro. É um amor tão grande que nenhuma palavra explica. Para mim, sempre foi difícil abraçar as pessoas. Já mudei, mas algo está acontecendo. Estou me libertando definitivamente dessa prisão, do medo inconsciente de abraçar.

Provence, França, julho de 2004

O CASTELO SOB O SOL E AS CIGARRAS

Dos Estados Unidos, eu tinha reservado o último andar de um castelo que fazia as vezes de casa de hóspedes nas proximidades de Uzès, no sul da França. Então troquei a Haute Savoie pela Provence, as nuvens pelo sol. Eu já tinha passado uma temporada naquela construção tão nobre no ano anterior. Era um lindo castelo do século 15, aninhado em um pequeno vilarejo quase intacto. Longe das cidades decadentes à beira-mar que o verão atola de turistas em busca de embriaguez, aquele lugar representava tudo que eu adorava nas férias; ele me inspirava.

Do meu quarto, a vista do vale só era limitada pelo horizonte. Ao longe, o céu azul acariciava as encostas cobertas de oliveiras. Os telhados envernizados dos vilarejos salpicados pela planície brilhavam com o sol. Mas, dessa vez, o azul era "sinal de paz", não mais os raios celestes da máquina do hospital. Era lindo. Ao despertar, abrir as persianas trazia sempre uma surpresa, como se cada manhã fosse a primeira. A luz ficava diferente em cada crepúsculo, mais amarela ou mais branca, mais úmida ou mais límpida. Ressaltava os contornos das colinas ou fazia com que desaparecessem. Fazia os passarinhos cantarem ou se calarem. A luz trazia cigarras para junto das minhas janelas. Ela também tinha vida.

Se Tancrède chorava por muito tempo depois do pôr do sol e eu não conseguia acalmá-lo, levava-o para perto da janela aberta, onde o ar um pouco menos quente soprava com generosidade. Eu descobria que o tempo não tinha tanto valor. Estava sozinho com meu bebê, mas as horas não contavam, apenas importava a presença de Tancrède e sua sobrevivência. Assim, estava livre para observar, refletir e encher minha vida de poesia. Tudo se tornava pretexto para admirar e exaltar. Assim eu descrevia a beleza, observava a humanidade e treinava, sem saber, meu dom de clarividência. Minha janela preferida era aquela da direita, logo antes do canto, aquela pela qual a natureza nos chamava... As árvores que davam risadinhas à menor brisa, as estradas que me convidavam à contagem minuciosa dos veículos de duas ou quatro rodas, os telhados que penteavam cada uma das casas que eu tentava reconhecer, os caminhos de pedra que resistiam com coragem ao asfalto, os reflexos azulados sobre os automóveis polidos que desfilavam um após o outro de manhãzinha, formando um rosário que ia se desfiando devagar pelos campos. Até as nuvens esbranquiçadas sob a luz da lua emanavam um brilho vaporoso no espetáculo das noites de verão.

Entre uma mamadeira e outra, etéreo, eu espiava a noite. Acompanhava seu trajeto. Na escuridão, acontecem tantas coisas de que nós nem desconfiamos. Cada hora tinha sua característica própria. Os galhos das árvores acariciavam as telhas arredondadas, em cadência, enquanto o relógio da igreja dava ritmo ao balanço das folhas tostadas pelo calor. Os bosques dissimulavam com habilidade o tremor imprevisto dos roedores em plena atividade, mas sabíamos que não estávamos sozinhos na noite profunda. As pedrinhas esquecidas na estrada pelo cantoneiro do vilarejo eram esmagadas pelos passos do último insone.

O ar indolente das primeiras horas da noite se tornava seco e fresco ao nascer do sol, apesar do orvalho da manhã. Os sons continuavam por quatro longas horas depois da meia-noite. Depois, ficavam mais surdos. Na aurora evanescente, minha imaginação sobrevivia à exaustão. Os carros iam acordando devagar e cada um deles contava uma história.

Meu espírito inquieto saía voando toda noite, adivinhando as vidas imaginárias do mundo que nos rodeava. As janelas abertas que recortavam as paredes do meu quarto pareciam quadros vivos pendurados com muito capricho um ao lado do outro. O vento brincava de esconde-esconde. Às vezes, acariciava meu corpo nu, ainda dolorido devido aos meses de inquietação. O vento de repente me fez lembrar da doçura de uma pele encostada na minha... Eu tinha esquecido.

Fazia algumas semanas que o ritmo das ligações de João se espaçava. Será que ele estava sofrendo com a presença cativante de Tancrède ao meu lado? Eu tinha mudado, com certeza... Depois de tantos acontecimentos, como não mudar? Mas sentia saudade dele.

Esse sentimento se intensificou à medida que, no dia a dia, eu observava os proprietários do castelo onde me hospedava. Eram dois parisienses que tinham restaurado, com muita coragem, aquela construção magnífica. Viviam juntos fazia vários anos. O mais velho, Daniel, era cirurgião-dentista e ótimo jogador de rúgbi, dotado de um físico comum e agradável, não muito alto e levemente corpulento, com costas fortes. Tinha um pequeno defeito na língua que lhe conferia certo charme, uns poucos cabelos grisalhos, o rosto afável que estampava um ar simpático e viril. Estava para se casar com uma mulher quando conheceu o rapaz que viria a dividir a vida com ele e fazê-lo romper com a noiva.

Esse rapaz era um anjo, um Dorian Gray louro de cabelos cacheados. Corpo esplêndido, olhos azuis bem grandes, pele de porcelana, lábios rosados bem definidos, nariz perfeito, uma feminilidade romântica à la Visconti. À época com 45 anos, uma doçura tênue emanava dele e parecia dissimular algo que seria preferível não ver, uma inocência que parecia elaborada peça a peça; não fosse por isso, teria um rosto quase sem defeitos.

Nunca fui sensível às belezas etéreas. Me atrai mais aquele momento da vida em que as ruguinhas marcam o canto dos olhos, o queixo de repente fica pesado, as bochechas inflam um pouco. Quando a beleza cândida da juventude se torna fugidia, os traços do passado compõem sobre a pele cada uma das marcas das batalhas vencidas sobre a vida. É nesse momento que dá para perceber a inteligência construída ao longo do tempo ou o amargor herdado das derrotas.

A serenidade ou os ferimentos que ainda não cicatrizaram. A maturidade ou a expectativa pela próxima provação que irá modelar mais um pouco seus contornos. Às vezes, não é possível ler nada na beleza de um rosto; apenas a aparência permanece.

Nosso novo amigo Daniel demonstrava uma enorme gentileza para conosco. Tancrède sempre estava comigo; ainda era bem pequenininho e enchia de ternura todos que olhavam para ele. Contei a esse anfitrião nossa história, os últimos meses, as últimas semanas, os últimos dias. Tinha necessidade de falar. Tinha necessidade de me sentir protegido acima de tudo, e a presença dele me confortava. Eu me sentia frágil como uma criança. A provação por que tínhamos passado ainda estava viva na memória e em cada célula do meu corpo. Daniel me ouvia com atenção e se lembrou das vacinas de Tancrède; preocupava-se com a saúde do meu filho, sempre com muita ternura, e também cuidava para que nada nos faltasse. Por instinto, ele estava do nosso lado.

Todas as noites, o companheiro de Daniel ia e vinha por entre as mesas do restaurante instalado no térreo, sob um grande pórtico, distribuindo sorrisos provocadores e cumprimentos. Ele se sentia feliz com sua posição social. Morava no vilarejo o ano todo, enquanto seu companheiro ainda viajava bastante a trabalho. Tinha se integrado perfeitamente à burguesia local e jamais perdia as reuniões nas confrarias da região.

Minhas noites eram pontuadas pelas refeições de Tancrède, a cada três horas. Tancrède demorava meia hora para acordar, uma hora para tomar a mamadeira (os bebês prematuros mamam muito devagar) e mais meia hora para voltar a dormir. Eu dormia muito pouco, mas meu cansaço não era pesado – afinal, tudo estava bem com meu filho, e era isso que importava. Entre uma mamada e outra, às vezes eu acordava de maneira brutal quando o alarme do monitor de Tancrède disparava; nessas horas, era preciso reagir rápido. Outras vezes, acordava simplesmente para verificar que não estava sonhando: eu tinha um filho e ele estava vivo.

Desde a cena no aeroporto de Los Angeles, vivia aterrorizado pela ideia de que pudessem tirar meu filho de mim, uma paranoia que só perdeu força um ano depois e que nunca desapareceu totalmente.

As noites, portanto, eram muito longas, mas muito curtas. Nós dedicávamos todo nosso tempo um ao outro, e isso era bom.

Julien, meu sobrinho, nos acompanhou alguns dias e cuidava de nós. Ele era o único a quem eu podia confiar meu bebê durante alguns minutos. Confiava nele, ele estava feliz por estar conosco e isso me agradava. Naquela época, era como se eu tivesse dois filhos.

O SIGNIFICADO DO BRANCO

Os dias passavam rápido. De manhã, nunca saía do quarto antes do fim da manhã, aproveitando para cochilar junto com Tancrède. Tomava o café da manhã por volta das 11 horas, às vezes meio-dia. Quem nos recebia era uma funcionária marroquina, adorável, mãe de vários filhos, sempre com um sorriso, ternura na voz e gestos envolventes. Uma vez, durante duas horas, ela tomou conta de Tancrède. Ela tinha uma risada magnífica que um batom exuberante sublinhava como um gesto de boas-vindas. Aliás, essa foi a primeira palavra que ela pronunciou no dia em que chegamos: "Bem-vindos". Ela cuidou de nós como se fôssemos seus filhos; ela era boa. O terraço era acolhedor, e eu tomava o café embaixo do caramanchão enquanto dava mamadeira para Tancrède.

Às vezes, outros visitantes se acomodavam nas mesas ao nosso lado. Sempre falávamos de Tancrède, que deixava todos admirados.

As tardes passavam com doçura.

Eu tinha comprado em Lyon uma cesta grande de junco para o

meu pequeno Moisés resgatado das águas. Ela era forrada com um lençol de linho branco bordado com as iniciais de Tancrède. Todos os dias, eu o acomodava à beira da piscina de pedra, sob um guarda-sol. O ninho dele era coberto por um tule que esvoaçava ao vento, como as asas de uma fada. Eu o vigiava com muita atenção, para que nenhuma mosca, poeira ou intruso pudesse se aproximar do meu pequenino. Mal tinha coragem de entrar na água, para não perdê-lo de vista, nem de abrir um livro. Eu lagarteava dessa maneira todas as tardes, tentando compensar o cansaço da noite anterior naquele pátio quadrado.

Um corredor formado por colunas que seguravam lindas arcadas de madeira dava quase a volta toda e permitia admirar a nobreza do local sem incômodos. Na parte de cima havia um jardim suspenso de que nossos anfitriões cuidavam com todo o esmero. Já o jardinzinho do térreo se estendia até a abóbada que fazia as vezes de vestíbulo. Todas as noites, mesas eram colocadas ali e nós jantávamos sobre o gramado ou sobre as grandes lajotas de pedra bruta que provavelmente não saíam do lugar havia três ou quatro séculos.

Em geral, eu chegava bem tarde para jantar. Reservava uma mesa um pouco afastada, no bosquezinho da antiga plataforma de pedra. Ela dava para uma fonte onde nenúfares, bambus e outras plantas aquáticas assumiam formas fantasmagóricas sob os feixes de luz. Gostava de imaginar Tancrède e eu em uma floresta encantada onde a água das fontes se transformava em lantejoulas mágicas que nos davam vida. Era uma vida tão esperada depois de tantos meses de angústia...

Eu saía do quarto sem esquecer nada: mamadeira, trocas de fralda, chapeuzinho branco, roupinha de reserva em caso de acidente de percurso, babador branco, coberta branca. Para chegar ao restaurante, era preciso tomar uma escada externa que percorria toda a parte descoberta do castelo, cujo conjunto formava aquele lindo pátio banhado de sol durante o dia e tão fresco à noite. Os clientes do restaurante, considerado um dos melhores da região, só precisavam erguer os olhos para ver nossa chegada. Tancrède estava sempre vestido de branco. O branco era a cor dele e simbolizava perfeitamente a luz que irradiava de seu pequeno corpo.

Toda noite, eu descia com muito cuidado a escada de pedra, segurando a cesta imaculada onde Tancrède estava acomodado. No momento em que o sol desaparecia atrás das colinas e as cigarras despertavam com seu canto celestial, nós descíamos os degraus devagar, acompanhados dos olhares admirados dos observadores. Sim, era um verdadeiro espetáculo no qual nós éramos os atores, e que me enchia de alegria. Adorava sentir aqueles olhos pousados sobre nós. Sabia que eles nos achavam bonitos, provavelmente por causa da plenitude que se expressava no meu rosto, e isso me deixava sereno. A lentidão dos meus passos fazia com que meu pacote parecesse ainda mais precioso, um tesouro que eu só revelava no final do jantar. No momento da sobremesa, nesse momento preciso da noite, Tancrède emitia sons baixinhos que não tinham nada a ver com choro. Ele me informava que estava com fome, como se tivesse calculado o momento exato para se oferecer ao espetáculo. Era nesse momento que eu lhe dava a primeira mamadeira da noite. Então o silêncio se instalava sob a abóbada acachapante. Cada um dos presentes nos observava, e eu imaginava a vida deles como um filme de cinema que desfilava na minha cabeça. Tinha a impressão de que o nascimento de Tancrède e tudo o que acontecera depois disso tinham me conferido o dom de enxergar além das aparências. Será que era realidade ou apenas impressão?

Alguns anos depois, eu descobriria um novo dom: a clarividência.

Até hoje sou capaz de ler a energia ou as dores das pessoas com quem cruzo na vida, parecendo que as conheço sem jamais tê-las visto. Acabei por usar esse dom para me tornar terapeuta

Tirava meu filho de seu bercinho no chão, sentindo que aquele momento era esperado por todos que tinham colocado os olhos em nós à nossa chegada. Como um troféu exibido com orgulho, eu o erguia nos braços e pegava a mamadeira preparada pouco antes. Já não se escutava mais nenhum barulho. Tinha a impressão de que cada um dos meus gestos ressoava na atmosfera mineral da noite estrelada. Nós éramos o centro de todos os olhares. Eu sorria para meu filho, que mamava com gosto. Finalmente, passados alguns minutos, as vozes voltavam a se animar, primeiro em sussurros indistintos e depois em discursos inflamados. Eu escutava as perguntas se fundindo, as opiniões, os superlativos, a compaixão, a consternação, o maravilhamento, a condenação. Uma mesa de homossexuais me lançava olhares feios, mas não foram só eles que me encararam dessa maneira. Ainda assim, apenas a admiração que despertávamos nos outros parecia nos alcançar, como se estivéssemos protegidos. Nós tínhamos nos tornado intocáveis porque éramos a encarnação do amor.

Paris, novembro de 2004

BATIZADO

Batizado no hotel Ritz: com meu pai (à direita) e a querida Jacqueline

Resolvi batizar meu filho assim que fosse possível. Queria sentir com ele, sob as bênçãos de uma cerimônia sagrada e na presença de nossos amigos, aquelas ondas que eu ainda tinha dificuldade em qualificar, as energias, a chama da vida, o amor. Elas estão presentes nele desde o nascimento, não há dúvida. Nós fazemos parte de seu ser. Cada um de nós, por meio dessa celebração, poderia dar um testemunho a Tancrède de nossa presença, como um reconhecimento simbólico do amor dos homens, do universo ou de Deus. Não foi o aspecto religioso que motivou meu gesto. O ponto de partida foi espiritual: a vinda do meu filho é um milagre da vida, um milagre do amor que já sentia por ele.

O padre foi maravilhoso. Como dá para imaginar, eu estava apreensivo em relação a esse encontro. Mas foi um momento de graça, assim como toda a cerimônia.

"Todas as vezes que uma obra de arte me comove, sinto a presença de Deus." Foi assim que eu falei d'Ele ao padre que me escutava para preparar a cerimônia. Era complicado explicar de outro jeito; naquele momento, eu já estava escrevendo minha história e Deus estava em todas as minhas páginas, mas não era o Deus de uma igreja. Ainda assim, me senti feliz de poder compartilhar com o padre essas sensações íntimas. A arte é essencial na minha vida. Nós tínhamos compartilhado uma conversa calorosa, que, para nós dois, parecia trazer novas informações. Eu me dirigi a ele nos seguintes termos:

"Deus só é importante para mim por meio do sentido que Ele dá às existências. Meu espírito ainda é pequeno demais para compreender melhor e penetrar nos meandros de um dogma religioso... Não sou um intelectual. Tomo a vida de maneira simples e tento encontrar significados diversos nas alegrias, nas dificuldades, na beleza e na feiura, nos homens e em tudo que me rodeia. Deus está em todos os sentimentos que não me deixam indiferente. Celebrar Deus com Tancrède e nossos amigos é importante para nós."

O padre tinha espírito aberto: a fé dele era maior do que sua religião. Ele percebeu que minhas afirmações eram verdadeiras e sinceras.

Eu tinha disposto orquídeas brancas no batistério e na Sainte Chapelle, arranjando-as ao longo das paredes e nas balaustradas de uma rampa de mármore, também branca. Havia encontrado um cinamomo maravilhoso, do tamanho de uma árvore completa. Eu o tinha colocado no centro da nave, como se fosse a árvore da vida.

O padre nos acolheu afetuosamente. Na entrada da igreja, em frente à nave principal, onde todos os corredores nos estendiam os braços, eu disse algumas palavras a respeito do nome do meu filho. Nós já éramos bem-vindos.

"O nome TANCRÈDE representa de outra maneira o amor que sinto por ele. Quando o escuto, é um nome que ressoa como um sentimento, como a ternura, como a doçura e a fragilidade da pele dele quando a toco de leve. Soa como essa pequena pessoa que se tornou tão grande, esse menininho que Deus me destinou como um presente, como uma missão... Tancrède soa como a força que não tenho, a coragem que às vezes me falta, a vontade que sempre vive em mim... Tancrède é a música que vem de Rossini ou Campra. Tancrède é Visconti através dos tempos. Tancrède vem do germânico antigo: 'DANC', pensamento, e 'RAT', conselho ou poder. Tancrède: 'o poder do pensamento'. A vida de todos nós é marcada por conselhos, mas os únicos que realmente importam são ditados pelo nosso pensamento, pelo espírito, por Deus. Eu sempre vivi assim. Siga o Seu conselho, siga o conselho que Deus, que o Universo lhe envia. Ele está em toda parte, geralmente onde não esperamos que esteja. Ele provoca, choca, fere, mas sempre para nos ensinar.

Às vezes Ele nos traz desafios tão intensos que chegamos ao ponto de não querer mais aceitar a vida. Porque Ele sabe. Ele sabe que nós estamos aqui para aprender, para ir mais longe, para nos superarmos, Ele sabe que nada do que nos acontece é insuperável. Nós ignoramos com muita frequência que os sofrimentos são oportunidades magníficas, mas é quando perdemos a esperança que esta frase deve fazer sentido para nosso coração: 'Nós não passamos por nada que não sejamos capazes de suportar'. Quando você nasceu, a vida e a morte se confundiram durante semanas de tortura. As perguntas giravam sem resposta. Às vezes, quando voltava tarde do hospital, no meio da noite, com os olhos turvos, sozinho no carro, eu gritava a Deus: 'Por que você me submete a isso, é difícil demais... Por quê?' E os dias e os acontecimentos se sucediam. Até uma manhã em que o espírito clareia, a gente entende melhor, se questiona, percebe. A dor continua lá, mas ela ganha um sentido. O que sobra depois? O mais bonito. A gente fica feliz porque a mensagem enviada nos alivia. Ela nos torna mais fortes, embora continuemos frágeis. Ela nos torna mais permeáveis à vida e mais sensíveis ao ser humano. Ela nos ajuda a compreender.

Supere a si mesmo, meu filho. Tente compreender. Cumpra a sua missão. Seja feliz e assim fará o mundo avançar. Eu lhe darei amor, eu lhe darei segurança, eu lhe darei sua independência, eu farei de você um homem, um Tancrède-Cecil. Qualquer coisa que você se torne, sempre terei orgulho de você porque, desde os primeiros dias, você foi maior do que nós todos. Eu te amo."

Depois o padre falou. Ele fez uma alusão clara aos comentários maldosos que tinham animado Paris por ocasião de minha chegada com meu filho nos braços. Ele acabou com o julgamento dos homens ao dom de Deus. Meu filho estava destinado a mim. Deus o tinha enviado para mim.

Tancrède chorou por apenas alguns instantes antes de receber o óleo e a água, como se soubesse que eu adorava aquela atmosfera tomada de beleza espiritual, mas muito real.

Na medida em que a cerimônia avançava, nós nos deslocamos ao longo das naves laterais para chegar ao centro da Sainte Chapelle. No meio dessa obra-prima arquitetônica de 38 metros de altura, brilha uma glória salpicada de querubins encantadores. Cada um deles encarna a diversidade da vida por meio de mil expressões do rosto humano. Como se o homem fosse um anjo... O esplendor da igreja, construída pelos três principais arquitetos de Versalhes – Lemercier, Levaux e Mansart –, exibe-se sem pudor com as obras de Pigalle, dos irmãos Lemoine, de Vien e de outros. De ouro, de pedra ou de alvenaria, os anjos e os tetos pintados estavam todos ao nosso redor.

As vozes ressoavam entre as colunas. Depois foi a vez de João recitar uma canção de Tom Jobim e Vinicius de Moraes, *Se Todos Fossem Iguais a Você*. Ele leu primeiro em francês, depois em português. Eu o observava enquanto ele falava rapidamente, devorado pelos nervos, feliz de dar esse presente a seu afilhado. Naquele instante preciso, naquele minuto mesmo, ele estava próximo, ele estava bem ali na frente dos meus amigos, fazendo uma homenagem ao meu filho, perante Deus, perante um padre católico que nos abençoava a todos com sua escuta e sua presença.

O padre se dirigiu a Tancrède várias vezes, olhando fixo para ele, diretamente. Meu filho o fitava com atenção. Tancrède bebia as palavras dele. Ficamos emocionados de ver aquela ligação tão forte se dar entre padre e criança...

Como foi tocante ver meu Tancrède com sua veste de organdi bordado que caía em cascata até as lajotas imaculadas da igreja que acabara de ser reformada. Como ele estava lindo com seus olhos grandes e arregalados que, aparentemente, compreendiam a importância daquele momento. Os olhos dele ampliavam nossas palavras.

Eu me levantei e caminhei até o meio do coro. Lentamente, quase de modo solene, me dirigi a Tancrède, ao padre, aos meus amigos e à minha família. Li um texto escrito no dia 24 de junho, quando Tancrède ainda estava no hospital de San Diego.

Naquele momento, ele ainda lutava para viver.

Meu anjo branco,

Não durmo desde que você nasceu. A cada noite de devaneios, de angústias, a inquietude me corrói. Sonhos idiotas, em que já nem sei mais quem está preso ao monitor – se eu ou você. Sempre acordo cedo demais. Telefono para o hospital. Uma boa notícia... uma ruim. Cada dia é uma nova etapa, uma nova história. E veja que temos uma nova vitória: chega de tubo no nariz, e que venha a mamadeira! Depois, uma decepção: ontem, depois de uma trégua de quatro dias, você sofreu mais um "evento", um acidente respiratório que me destruiu. Será que foi uma desesperança ou simplesmente os nervos cansados? Não sei mais, não sei mais nada, estou sufocando. Um dia, meu bebê é o mais vigoroso de todos; no dia seguinte, seu coração está no limite de falhar.

Vinte vezes a respiração entrecortada, 20 vezes o coração quase pa-

rando de bater, como se quisesse me dizer algo que eu não conseguia decifrar, 20 vezes minha cabeça explodindo, 20 vezes a coragem, 20 vezes a esperança.

Os dias se sucedem e o tempo não conta mais. Só os detalhes importam, aqueles que se intercalam entre cada momento quando a vida para porque você deixou de respirar.

Cada vez é uma nova pergunta: "Você vai viver? Você vai escapar? Quando isso vai terminar?" A cada vez, uma única resposta: "Não faça perguntas a si mesmo, chore se for necessário, beije-o, dê-lhe afeto, palavras, carinhos; será que você sabe fazer outra coisa?" Então descubro a alegria de tentar curar meu filho. Tenho o privilégio de lhe dar o melhor de mim. É uma sensação inexplicável e maravilhosa.

Desde o dia 14 de maio estou vivendo nesse outro mundo, o mundo da alma, do céu, um tempo de vida situado em alguma parte entre dois universos, duas épocas. As referências humanas não existem mais. Apenas Deus está conosco. Não sei de que forma, mas Ele nos une. Ele é o fio transparente que permite nossa comunicação. É Ele que me dá razão. Aquilo que me dá a segurança de que tudo ficará bem. É assim que devo prosseguir para dar a meu filho a força de viver. Deus me abriu a esse mundo onde o meu filho se tornou eu. Esse mundo onde não há mais barreiras porque a comunhão dos nossos dois seres faz com que ele cresça a cada dia até finalmente se transformar em um homenzinho. O meu homenzinho, pronto para realizar sua chegada à vida humana.

Recebi seu passaporte ontem, nunca poderia imaginar que um pedaço de papel pudesse me fazer sonhar tanto. Olhei sua foto, seu nome... é, você é mesmo o meu filho e carrega o meu nome. Sinto orgulho e felicidade de ver também o nome de vovó escrito ao lado do seu, a mãe de papai. Eu a amava tanto, ela iria adorar você. Há dez anos que penso em você; só de ver seu nome escrito no envelope que continha o passaporte... Isso representa tanto para mim!

Imaginar-me com você, cercado por desconhecidos que vão anun-

ciar isso de maneira oficial, é como um sonho que finalmente se realiza. Aquele caderninho é o símbolo de que você é mesmo de carne e osso, e que você é mesmo o meu filho, o meu menino, a carne da minha carne... Depois de todo esse tempo, depois desse segundo parto.

Sim, meu amor, sempre achei que as mulheres tinham um privilégio sobre os homens por poderem ficar grávidas. O que pode existir de mais extraordinário do que carregar um bebê e senti-lo crescer dentro de si? Muito bem, meu amor, eu o fiz crescer desde o dia 14 de maio. Eu dei a você meu coração, meus pensamentos, todas as minhas energias estavam concentradas em você. Eu o fiz crescer nos meus dedos, na ponta dos meus lábios, no meu fôlego, na minha voz, nas minhas lágrimas e nos meus risos. Eu fiquei grávido de você, meu filho.

Sem você, sem sua força e sua coragem, nada seria possível. Obrigado, meu amor. Obrigado por todos os presentes de cada dia. Obrigado por estar vivo. Obrigado por ter permitido que eu entrasse na sua alma.

Sofri tanto de ver você suportar as dificuldades. Hoje me orgulho, porque essa dor é a nossa história. Essa dor é a minha barriga, grávida de você desde o dia 14 de maio, que o carrega, que o alimenta, que o ama e que o protege. Minha barriga, sobre a qual você passa horas deitado todos os dias, pele com pele, o melhor remédio, como os médicos explicaram; sobre mim você encontrou sua posição preferida. Nosso coração então bate em uníssono, nossa temperatura se iguala, nossa união se completa e a vida toma seu rumo.

Essa dor é a minha alegria porque ela exprime uma inquietação incomensurável, ela é também a prova de que você está lá, bem vivo, que você agora é Tancrède Cecil Bouveret de Liance, paciente do Naval Medical Center de San Diego, de nacionalidade norte-americana e, em breve, também francesa.

Sim, você está aqui faz muito pouco tempo, e se continuar sua luta pela cura vou poder apertá-lo nos meus braços. Nós vamos ficar sozinhos, só nós dois, então vou poder beijá-lo, contar-lhe mil coisas sem ninguém *por perto, só você e eu... Meu bebê, meu pequenino... Sinto tanta falta desses momentos que ainda nem sequer vivemos. De acordar ao seu lado, pegá-lo no colo, dar risada durante horas, inventar brincadeiras novas, ler para você ou inventar histórias malucas, fazer planos, falar da vida, declarar toda a minha ternura, toda a minha admiração, todo o meu reconhecimento... Meu homenzinho, você já é grande, você já suportou o mais difícil e hoje eu o agradeço. Você me ofereceu a vida como presente e eu a tomei por inteiro... Meu filho, meu anjo branco."*

Tive dificuldade de chegar ao fim da minha leitura; a lembrança opressiva daqueles dias no hospital estrangulava minha voz. Experimentava o silêncio pesado dos presentes que escutavam, eu via algumas lágrimas escorrerem por sobre os sobretudos e os vestidos bem alinhados. Vi cabeças que se curvavam à força das minhas palavras. Para tentar conter a emoção, muitos se esforçavam para ocultar aquilo que não desejavam exibir.

Quanto mais eu falava, mais revivia os momentos que minhas frases descreviam. Era como se minha boca articulasse as palavras por vontade própria e, com o avanço do relato, eu apenas escutasse minhas palavras. Elas estavam tão próximas de uma realidade tangível, exprimiam com tanta precisão aquilo que meu coração tinha sentido, transbordavam de mim de repente, sem que eu esperasse... Mas me senti contente de compartilhar aquilo com meus amigos; estava feliz por dizer a eles tudo o que meu filho representava. Eu percebi quanto orgulho tinha da minha coragem, orgulho do meu homenzinho.

Tinha terminado de enunciar meu texto dirigido a Tancrède, só a ele, como uma declaração, um pacto de amor selado perante Deus e todas as testemunhas presentes. Ele me observava, ele me escutava, nós estávamos sozinhos no mundo. Pela primeira vez senti uma quentura me invadir, a quentura do amor. Será que era Deus, os meus amigos, o meu filho? Certamente era a união das três coisas naquela igreja tão imponente que se transformava no refúgio mais íntimo: nós formávamos uma família, aquela com que eu sempre tinha sonhado. Em alguns momentos, uma euforia me invadia; todos eram capazes de enxergar isso no meu rosto. Então, eles se aproximaram de mim, um a um, e a ternura das palavras deles confirmou que eu não estava errado: nós éramos muitos, mas éramos um só.

RUPTURA

Não sei de onde vem essa força que existe dentro de mim. Precisei dela muitas vezes, e ela nunca me desapontou.

Alguns dias depois do batizado de Tancrède, João me telefonou. Separação. Ele está perdido. É muita pressão de todos os lados. Ele está cansado. Não aguenta mais. Não tem coragem de mudar de vida. Eu compreendo. Ele diz que me ama. Minha resposta é curta: "Você tem razão. Se está nesse estado, precisa ficar sozinho". Desligo o telefone com toda a calma. Ele me abandona e não se dá conta da amplitude do desgaste. Melhor assim. Eu não quero acreditar, mas não vou escolher o desespero.

Só que acabou.

Nós não vamos mais morar na mesma casa.

Não faremos mais visitas a museus como cúmplices.

Não vamos mais sobrevoar nossos países.

Não vamos criar meu filho juntos.

Não vamos envelhecer lado a lado.

Não vamos mais viajar de férias no mesmo avião.

Não vamos mais compartilhar cream cheese no café da manhã.

Não vamos mais fazer compras em lojas infantis.

Como vou continuar a viver sem ele?

Vou ter que viver.

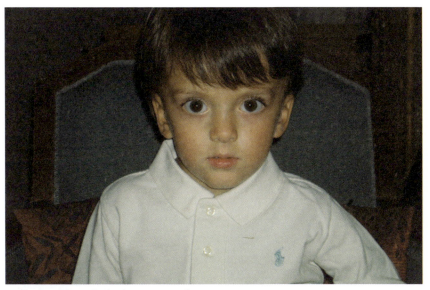

Razão de minha existência: amor sem fim

Construir uma vida, é a única coisa que quero.

Preciso fazer isso pelo meu filho, pela vida.

Foi a primeira vez que desejei a felicidade de um homem, ainda que isso me dilacerasse. Ele estava me abandonando, mas eu queria que fosse feliz. Vieram-me à memória as palavras que Luís XIV tinha dirigido a Madame de Maintenon, que na época ainda se chamava Madame Scarron. Naquele tempo, ela, considerada a "esposa secreta do rei", tinha a guarda dos filhos bastardos que o soberano tivera com Madame de Montespan. Certa manhã, ele ficou comovido de ver aquela pequena família que parecia tão feliz quando lhes fez uma visita. O rei então pronunciou as seguintes palavras, dirigindo-se à futura marquesa, ainda ama de leite de seus filhos: "Como a senhora sabe amar, Madame". Saindo da boca do "Rei Sol", do "rei do mundo", essas palavras ganhavam importância imensurável na mente de Madame Scarron. Com frequência pensei nessa frase na minha vida. Não é fácil amar e privilegiar a felicidade do outro. Mas, naquele dia, compreendi que sabia amar; Tancrède tinha me ensinado. Saber amar e saber que o outro está feliz, no final, não são coisas muito diferentes.

ENCONTROS COM A MORTE

Certa manhã, resolvi fazer fotos de Tancrède. Eu o acordei, ele se espreguiçou, apertando todos os traços de seu rosto. Vira o pescoço para todos os lados, estende os braços e as pernas; ele me observa e cai na gargalhada. Sabe que vou pegá-lo no colo, os olhos dele pedem que eu fique juntinho com ele. Levanto-o do berço com uma sensação de plenitude extrema.

Desperto com saudade dele. Tancrède está no meu colo e saboreio minha alegria. É tão simples, mas cada vez que ele acorda me emociono. Vou preparar a mamadeira dele. Quando volto, seu sorriso se amplia e não consigo resistir: rápido, rápido, rápido, antes que ele peça seu café da manhã, eu o cubro de beijos. Ele se lança sobre a mamadeira enquanto lentamente me recupero de nossa animação matinal. Às vezes algumas lágrimas, a felicidade em gotas, como o orvalho da manhã... Todos os dias digo a ele, nesse momento da manhã: "Nós ficamos bem juntos..." E então ele abre um sorriso até as orelhas!

Tancrède não quer ser fotografado, e exprime isso com clareza. Então decido olhar as imagens da véspera no computador. De repente, abro as imagens da Califórnia. Elas desfilam diante dos meus olhos como um filme. Cada foto é uma história. As sensações fortes retornam ao meu espírito: os momentos de medo, de esperança, os personagens e os acontecimentos, as paisagens brancas do hospital, os cheiros. De repente, volto a mergulhar em um mundo sobrenatural. Poderia ficar triste ou experimentar um mal-estar profundo, mas não. Eu estava com Tancrède, eu estava com eles. Aquele hospital era uma família que compreendia sem dizer nada. Era uma cruzada, uma batalha por um Deus, pela vida. Eles eram nossos irmãos de armas: na vida e na morte.

Não posso esquecer isso nunca, pensei.

Não esqueci. Uma década depois, com o câncer de Tancrède, revivi aqueles momentos com a mesma esperança e força do passado. Ele e eu; fortes como quando ele nasceu.

Duas noções eram onipresentes: a batalha e a fragilidade da vida; a brutalidade e a doçura. Com o pessoal médico, construímos uma intimidade, não havia necessidade de palavras. Era como se uma graça tivesse se instalado; o universo nos banhava em certa inconsciência para que fôssemos eficazes em nossa missão. A intimidade da morte era onipresente, mas a realidade se reduzia a interações humanas despidas de emoções e cheias de amor. Era eficaz, leve, e estava muito bem assim.

Eu havia experimentado a morte diversas vezes. Tinha 28 anos quando Gérard, meu chefe, depois de 12 meses de uma lenta agonia, entregou-se à aids. Durante um ano, visitei-o todas as tardes; fazia compras com a mãe dele, já idosa. Eu o acompanhei até o fim; as últimas visitas ocorreram no hospital.

Durante os três meses que se seguiram, vivi em depressão verdadeira. Gérard já não estava mais presente, mas nós éramos muito próximos. Por outro lado, minhas tardes tinham se tornado sem sentido. Então resolvi reviver a experiência, porque sabia que era capaz de fazer aquilo, era uma missão que parecia transformar minha vida e que fazia parte de mim.

Para isso, fiz um curso de um ano, com aulas nos fins de semana. Isso me permitiu, em seguida, realizar o serviço voluntário para uma associação chamada JALMAV: "Jusqu'a La Mort Acompagner La Vie" (Até a Morte Acompanhar a Vida). Uma enfermeira, Marie de Hennezel, tinha escrito um livro sobre esse assunto, e foi assim que conheci a organização. Acompanhava doentes terminais no hospital público Bichat. Isso se estendeu por um ano, todas as quartas-feiras à tarde. Cada duas semanas, tínhamos uma reunião com uma psicóloga para confiar nossas dúvidas ou simplesmente compartilhar aquilo que estava no nosso coração. Já não me sentia tão fragilizado e era uma alegria poder exercer aquela atividade. Eu me sentia útil, vivo. Servir era uma necessidade para vibrar e entrar em contato com a verdade do ser humano; vibrar, amar, o SER em profundidade. Acompanhávamos as últimas horas da vida que ia se apagando pouco a pouco para aquelas pessoas. Essa foi uma das experiências mais lindas que vivi. Estar presente no último período, que não é exatamente a vida, mas ainda não é a morte. Minutos concentrados de intensidade nos silêncios, nos suspiros, nas palavras ou nos gestos. É difícil falar ou escrever. Não existe vocabulário na Terra para isso.

Na época, sem que ninguém visse, eu estendia as mãos por baixo das camas. Não sabia dizer por quê; era um gesto automático. Deslizava os dedos discretamente sob o colchão e sentia energias penetrando em mim pelo alto da cabeça; era realmente uma sensação física. Todas aquelas energias passavam pela parte superior do meu corpo e acabavam saindo pela palma das minhas mãos, que queimavam, como se estivessem ali para atender os doentes. Era um ritual inexplicável, uma cerimônia secreta que levava apoio aos doentes. Estranhamente, eu não me questionava, pois sabia que aquilo era bom, então fazia de maneira mecânica.

Um dia, observei um mendigo que tinha chegado inconsciente ao hospital, quase morrendo de frio. Fiquei bastante tempo segurando a mão dele, filtrando para ele as energias que me atravessavam o corpo. Quando fui visitá-lo na semana seguinte, quase não o reconheci: ele estava em ótima forma, não precisava mais de mim. Ele também não me reconheceu. Eu não sabia o que tinha acontecido, mas sentia que minha presença não tinha sido vã, bem ao contrário...

A associação JALMAV age na sombra, em nome da discrição e da luz que é sua essência. Os voluntários dessa associação levam uma mensagem: a morte faz parte da vida. Essa mensagem não é mística nem religiosa. A morte não deve mais ser um tabu, a morte deve ser vivida e compartilhada quando possível. A morte não deve ser escondida, nem negada, nem esquecida.

Durante esse período, percebi como a generosidade era uma ilusão. Já não acredito mais em altruísmo. Quando o ato de compartilhar busca levar prazer às duas partes envolvidas, a troca beneficia ambas. Isso se chama unidade.

A primeira morte foi a do meu irmão mais velho. Foi uma provação dupla, porque eu mal tinha 13 anos; ele tinha 18. Ele era meu confidente e meu pai ao mesmo tempo. Sua morte brutal em um acidente de carro quase levou à minha. Não era capaz de conceber a vida sem ele. Eu o vi morrer também.

A segunda morte aconteceu quando, aos 11 anos de idade, no terminal de ônibus da minha cidade, o motorista abusou de mim quando as portas do ônibus se fecharam e as luzes se apagaram. Eu não entendia o que acontecia, mas meu corpo sentiu e, com ele, a depressão iniciou seu longo caminho, que se estenderia até os 21 anos.

Aquele homem tratou meu corpo como uma lata de lixo onde ele cuspia seus dejetos; era uma imagem de morte que se imprimia em mim.

Durante anos, anos importantes no desenvolvimento da personalidade de um homem, aquela morte me deixou um perfume de putrefação, um nojo de mim mesmo. Eu achava que o tempo nunca iria apagar completamente uma imagem como aquela. No entanto, hoje já não sinto mais nenhuma dor, só uma lembrança muito precisa, e muito ruim.

Nunca pude falar da segunda vez. Na primeira, meus pais ficaram preocupados, mas não fizeram nada; então, na segunda, senti vergonha. Tinha 12 anos quando aconteceu de novo, alguns meses antes da morte do meu irmão. Estava indo para a escola, de bicicleta, e sempre usava um atalho, como a maioria das crianças do bairro. Era uma trilha que levava a um caminho de terra. Na intersecção dos dois, uma moto estava estacionada. Ao lado dela, um homem esperava. Ele me perguntou as horas e tive que parar para olhar o relógio. Ele então me pegou pela cintura e me atirou atrás de uns arbustos. Abriu a minha calça para explorar meu corpo. Não me machucou, embora eu não parasse de dizer a ele que minha mãe estava à minha procura, pois eu morava ao lado e estava atrasado. Era mentira, mas foram as únicas palavras que encontrei, naquele momento, para salvar minha vida, pois ele tinha colocado a ponta de uma faca nas minhas costas e eu não sabia se sairia vivo daquela armadilha. Não me lembro de ter sentido medo porque não entendia o que ele queria. Eu tinha 12 anos e, apesar dos esforços dele para que eu tivesse uma ereção – hoje imagino que fosse isso –, eu ainda era muito criança. Como por milagre, ele não se aventurou mais longe em seu ataque e me deixou fugir – salvo, mas não intacto.

Perdoei as pessoas que mataram minha esperança, perdoei aqueles que massacraram minha infância. Eles não teriam agido assim se não tivessem sido vítimas também.

Três décadas depois, a morte veio de novo. Foi a vez de meu outro irmão, François-Xavier, dois anos mais novo do que eu. Hemorragia cerebral, coma durante duas semanas. Duas semanas em que eu o acompanhei, junto com meus pais. Conversava com ele todos os dias quando seu corpo estava inerte. Eu o preparei. Tentei levar a ele a ternura necessária para combater o medo e a solidão no momento em que o fim da vida estava próximo. Compartilhava as decisões com os médicos, com meu pai, com minha mãe.

Durante esse período doloroso, minhas irmãs estiveram ausentes. Isso ainda é um mistério para mim. No dia do enterro dele, elas choravam lágrimas gordas na frente dos presentes.

No dia 14 de maio de 2004, ela – a morte – estava rondando, e eu a conhecia. Ela tinha pairado desde o primeiro fôlego de Tancrède, paciente e segura de si. Durante um ano, a morte poderia ter se abatido em uma fração de segundo. No começo, pensava nessa eventualidade permanentemente. Tinha até organizado o roteiro da minha própria morte para o caso de Tancrède não sobreviver. A partir do momento que vi seu rosto, ele já era meu, e não conseguia imaginar a vida sem ele. Minha vida se reduziria ao nada sem ele, sem o amor incondicional que sentia pela primeira vez no meu corpo, no meu coração, na minha alma.

Do último andar do hotel, o terraço do meu quarto dava, de um lado, para uma ampla piscina rodeada por um jardim verdejante; na frente ficava o mar e seus pores do sol, e mais à direita havia um caminho de cascalho que serpenteava discretamente ao longo do prédio até o mar. Ao calcular exatamente o lugar de onde eu iria me jogar, poderia aterrissar discretamente na pequena passagem de pedra sem correr o risco de sobreviver e sem causar muito estrago. Queria que o fim dos meus dias se desse da maneira mais digna possível. O bilhete deixado sobre a mesa seria simples e curto: "Vou me juntar ao meu filho, sem ele esta vida é impossível. Peço desculpas. Luc".

Eu não tinha nenhuma dúvida a respeito das minhas intenções, elas eram claras, mas não queria chegar lá, então encarei a morte de frente e disse: "Não existe nenhuma possibilidade de ver meu filho morrer e eu ir junto. Nós vamos viver".

Havia alguma coisa mais forte dentro de mim. Alguma coisa mais forte existia dentro dele, e eu precisava dizer: "Meu filho será um sol. Nós vamos queimar a morte. Faz dois meses que estamos lutando, dois meses de tortura, mas hoje Tancrède dá risada, até à noite! Hoje Tancrède é o sol".

Foi nesse instante que o mistério deu lugar a uma verdade, uma revelação interior que nunca mais me abandonou: a sombra me permitia ver o sol. O desespero e o mergulho até o fundo do abismo tinham feito crescer, a cada dia, o amor que eu sentia por Tancrède, a ponto de poder salvá-lo apenas com as vibrações do meu coração. Graças à sombra, pude descobrir a luz.

Paris, maio de 2005

UM ANO

Passou-se um ano desde que nos conhecemos, e mal consigo acreditar. Fico maravilhado de ver você crescer. Você acorda todos os dias. Eu me sinto responsável por todos os seus progressos, é por causa deles que você ainda é um pouco eu.

É simples como uma ampulheta: eu te preencho, você me preenche, mas nós permanecemos unidos.

Eu tinha ido para a Borgonha, para a casa dos meus pais, para comemorar o aniversário de Tancrède e, principalmente, sua cura total. De fato, os médicos haviam dito que ele estaria fora de perigo pós completar 1 ano. Alguns amigos de Dijon tinham vindo jantar conosco. Tancrède deu seu primeiro passo sozinho. Ele se levantou sobre meus joelhos quando trouxemos seu bolo de aniversário. Estendeu o dedo para apagar a vela e esmagou naturalmente a chama, que se apagou na hora. Ele nos examina e depois, todo surpreso consigo mesmo, fica com os olhos brilhantes de orgulho! Mas ele não era o mais orgulhoso. Eu estava fora de mim diante do orgulho incontrolável que meu filho me inspira.

Algumas vezes percebi olhares de desaprovação mal disfarçados, mas também olhares enternecidos. Os dois pela mesma razão: sou um pai que cria seu bebê sozinho e sou maternal. Por que a palavra "paternal" não tem o mesmo significado em francês?

Sou igual a todas as mães que amam. Experimento as mesmas sensações: gosto de sentir o corpo do meu bebê, de beijá-lo todinho; de sentir seu cheiro, seu cabelo, dar uma lambidinha em suas orelhas, aninhar sua cabeça no meu pescoço, morder as mãozinhas dele, lamber seus pés, até entre os dedos, evitar sua língua que parece tão apetitosa, mas ainda assim beijar sua boca, abrir os braços para ele e sentir sua barriga quente encostar na minha, colar meus lábios em sua nuca molhada de manhã ao acordar para experimentar a umidade de seu suor. Não existe distinção no amor que tenho pelo meu filho, eu o amo por inteiro, é meu filho, e esse contato físico é indispensável para mim. É a Ternura, é paternal. Os pais vivem sensações "paternais".

Mas é difícil falar disso. Sou homossexual e pai solteiro.

NAS TUILERIES

Vou jantar em um restaurante no Jardin des Tuileries com meu pequenino. É noite e o ar está mais fresco. Me acomodo em uma mesa embaixo das castanheiras, um livro ao meu alcance sobre a mesa. Eu me considero feliz. Um momento delicioso em perspectiva. Mas meus vizinhos de mesa falam alto, e escuto tudo sem querer: "O prefeito de Paris é homossexual e, sabe, o prefeito de Marselha também. Aliás, hoje à tarde estavam distribuindo folhetos sobre *gay pride* com coisas apavorantes, estavam dando até para as crianças. Percebem o que eles estão fazendo? Eles querem ser normais, nós os toleramos, mas não devem exagerar..." Um casal instalado bem próximo me lança um sorriso silencioso e cheio de cumplicidade, como se tivessem entendido.

Éramos nós dois, as cigarras das nossas férias do sul da França estavam longe, mas ainda cantavam na nossa mente.

Meus amigos, quase todos heterossexuais, sempre me diziam: "Hoje em dia, ser homossexual não é mais problema, todos aceitam". Então, por que há mais homossexuais que morrem por suicídio do que de aids? O grupo de risco, hoje, são os idosos. Por causa do Viagra, eles redescobrem a sexualidade e acabam de esquecendo de se proteger. Então, por que há alguns anos me disseram no hospital Pitié-Salpétrière, quando eu quis doar medula óssea: "Não podemos aceitar sua medula porque o senhor é homossexual e faz parte de um grupo de risco". Fizeram com que eu preenchesse documentos intermináveis durante uma manhã inteira para chegar a essa triste conclusão.

SAUDADE

Queria deixar passar um tempo para continuar a escrever meu diário, tomar certo distanciamento ou escrever de maneira mais imparcial. Mas é impossível: nunca mais vou conseguir me distanciar! Não sei escrever com distanciamento. Minha escrita certamente é poética e enfática demais, espontânea ou esotérica demais, às vezes singular, mas é real porque vivo as emoções no momento em que as

Com Marinella, a primeira babá

digito no teclado. Eu amo escrevê-las.

Era a primeira vez que deixava Tancrède sozinho com minha querida Marinella. Saí ao nascer do sol com João, que havia reaparecido na minha vida por um tempo. Na véspera, tínhamos juntos assistido a uma ópera na sala Garnier.

Então viajamos para uma ilha para passar uma semana descansando. Depois de quatro dias, a preocupação crescia dentro de mim sempre que cruzava com um bebê. Tratava de esconder meus olhos úmidos de João. Me sentia um pouco bobo, mas sabia que ele era capaz de entender.

"Tancrède, meu filho, meu coração, sinto saudade de você como nunca. Penso nos seus seis dentes despontando. Penso em abraçar você, em pegar você no colo, em todas as coisas de sempre que não posso fazer porque estou longe."

Fazia muito tempo que não via João e sobrevivia em sua ausência, mas ainda me sentia bem com ele. Do aeroporto, fomos diretamente para a casa de Marinella, onde Tancrède estava. Durante o trajeto no táxi, eu sentia o corpo todo formigando. Não aguentava mais esperar, e cada segundo se tornava importante porque significava um pedacinho de tempo ganho antes de voltar a revê-lo.

Quando cheguei à esquina, corri ao encontro dele. Eu o ergui no ar e exclamei: "Meu bebê, meu filho!" Ele era o meu pequenino. Como pude abandoná-lo por tanto tempo, como? Mas ele estava ali, logo ali. Eu estava feliz, emocionado.

PARIS, 20 DE JANEIRO DE 2007

Meu filho, centro de minhas atenções

DAVID

Quando Tancrède tinha 2 anos e meio, conheci em Paris um rapaz 11 anos mais novo do que eu. Ele era espanhol. E era, também, muito bonito.

Eu não me sentia tão atraído por homens considerados bonitos. Me seduziam mais os homens com personalidade forte, de preferência da minha idade ou mais velhos. Porém, por trás da beleza natural de David, senti algo intenso, que me tocou instantaneamente; algo difícil de descrever, mas que, eu sabia, não me deixaria impassível. Emanava dele uma sensibilidade que nunca tinha visto antes, portanto não saberia dizer se era algo forte ou frágil; talvez as duas coisas. Ou talvez fosse apenas uma verdade que, na época, ainda não podia entender. David era um ser verdadeiro, autêntico, diferente de todos os homens e mulheres que eu havia encontrado até aquele dia.

Bastaram três segundos para que eu percebesse quem era David. Três segundos é muito, e é nada. Três segundos podem decidir o futuro ou o destino de uma família inteira por gerações e gerações. Na minha vida, regida por certo padrão social que ditava meus atos, aqueles três segundos foram um terremoto. Bem verdade que a imagem que eu tinha construído de mim mesmo estava em revolução desde que Tancrède chegou. Com David, essa revolução se aprofundou.

Chegávamos à mesma festa, e havia um monte de gente na porta. Seguimos o fluxo. A casa era em um antigo prédio industrial, um loft decorado para que cada canto refletisse bom gosto. Porém, tudo era cinza, preto e branco, mostrando que a moda pode ser bem triste quando queremos obedecer sem questionamento a suas regras!

Eu não conhecia ninguém, e tinha ido com certa má vontade. Vinha de um jantar com um amigo senador que era gay e participava ativamente da vida gay de Paris. Eu achava curioso que uma pessoa pública, com tanta responsabilidade política, se expusesse dessa forma. Alguns meses depois, soube que ele havia morrido de câncer. Naquela noite, ele já sabia que estava condenado. Eu não sabia de nada...

Após o jantar, o senador fez o convite para emendarmos com a festa. Pensei em recusar, pois não gostava estar no meio homossexual. Além disso, desde o nascimento de Tancrède, eu havia me tornado muito seletivo em relação às minhas saídas; preferia mil vezes ficar em casa com meu pequeno. Mas teria sido indelicado recusar o convite... Assim, aceitei, com a firme ideia de ficar pouco.

Não foi assim que aconteceu.

Quando o olhar de David encontrou o meu, fiz que não havia visto, movido por um orgulho tolo. Porém, sentei-me numa poltrona num lugar de onde ele podia me ver sem esforço. Ele demorou a se aproximar, mas finalmente chegou pertinho, e começamos a conversar.

Depois do nascimento de Tancrède, eu sentia dificuldade para falar de outros assuntos. Meu filho era o centro da minha vida. Saía pouco para estar sempre perto dele e passávamos um tempo infinito juntos. Ele tinha crescido tanto desde o momento em que o médico havia dito: "Está fora de perigo, vai sobreviver", e de fato tinha sobrevivido! Às vezes eu me sentia como em um sonho: era tão irreal ter salvado meu filho, tão irreal ter conseguido dar à luz um bebê, meu bebê. Cada vez que colocava um pé no mundo exterior, falar de Tancrède se tornava uma necessidade incontornável, como se eu precisasse me convencer de que ele existia de verdade. Sentia tanto orgulho dele! Tancrède é um ser humano distinto de mim, com existência própria; como explicar esse orgulho incontrolável? Talvez porque eu tenha conseguido trazê-lo até aqui. Talvez porque nós dois tenhamos acreditado suficientemente na vida para poder ressuscitar.

Na conversa entre mim e David, naturalmente o assunto logo veio à tona. Comecei a contar nossa história: o maravilhamento, o êxtase, o milagre, e depois a dor, o inferno, as lágrimas, a solidão... O tempo sumiu, as palavras fluíam como se nunca mais fossem parar. David não abriu a boca; apenas escutava com paciência infinita. Em seu olhar apaixonado eu percebia, bem além da sua atenção, uma compaixão que me transtornava. Quanto mais eu contava, mais ele escutava; quanto mais ele entendia, mais meu coração se abria. Depois de um tempo, falei do livro que estava escrevendo e ele pediu para ler o manuscrito. Respondi que não podia emprestar algo que não estava pronto. Mas, no fundo, entregar a alguém o livro seria como entregar minha história, e eu estava ainda mergulhado nela. Mesmo dois anos e meio depois, estava emocionado, abalado como se a tempestade que tinha revolucionado minha vida ainda não tivesse se acalmado. Não tinha distanciamento suficiente para compartilhar meu tesouro, essa vivência de dois anos e meio, com um novo ser que, até aquele momento eu ainda não sabia, tinha vindo me guiar até outro caminho.

SUAVE É A NOITE

Convidei David para ir à minha casa, onde leria para ele algumas partes do livro. Ele aceitou. Tinha vontade de saber mais sobre ele, de me aproximar da sua alma, de conhecer essa pessoa cujos olhos se enchiam de lágrimas quando me ouvia contar a saga de Tancrède. Mas, sobretudo, meu coração me dizia que tinha finalmente encontrado uma pessoa que me escutava de verdade. David me entregava suas emoções de presente sem pedir nada em troca, apenas porque era livre, sem medo de expor quem era de verdade. A solidão que eu tinha vivido durante dois anos e meio foi um aprendizado inestimável, um período abençoado da minha vida, mas ali, naquele momento, ela me pareceu pesada. A solidão sempre tem duas faces, e eu havia me distanciado dos meus amigos, da minha família, vivendo praticamente recluso com Tancrède.

Nessa época, eu morava em um apartamento em um *hotel particulier* conhecido como a Morada de D'Artagnan, no coração de Saint Germain des Près, o bairro mais desejado de Paris. Nesse bairro, artistas, escritores, figuras da moda ou do cinema e grandes empresários haviam criado o famoso *parisianismo*, um esnobismo bem característico dos parisienses. Eu tinha comprado o apartamento quase em ruínas e levara dois anos para reformá-lo, sentindo-me eu próprio um mosqueteiro a enfrentar as aventuras da vida – e também das obras. O apartamento que nasceu após a reforma não tinha mais nada a ver com o anterior. Com amor, meticulosidade e certa arrogância, havia recolocado assoalhos do século 17, lareiras, pedras no chão, portas, molduras, espelhos; tudo era do reino das luzes*, período da história francesa em que os artesãos faziam milagres para satisfazer os aristocratas. Meu banheiro tinha paredes de vidro do teto ao chão. Obras de arte contemporânea destacavam-se em meio a uma abundância de quadros e objetos antigos. Com minha experiência de antiquário, havia criado uma obra-prima, que foi exibida em revistas de decoração de vários países e me enchia de orgulho.

No entanto, eis que David entra e não faz nenhum comentário sobre o apartamento. A atenção dele estava totalmente focada em nós dois. Pela primeira vez depois de muito tempo, alguém olhava apenas e simplesmente para mim.

Abri uma garrafa de champanhe, o melhor, e rapidamente trouxe à tona o propósito da visita: o livro. No fundo, me sentia atraído por David e alimentava expectativas. Mas, da forma como tudo aconte-

Apartamento em Paris: morada de D'Artagnan, no coração de Saint Germain des Près

ceu, posso dizer que ficarmos juntos foi apenas uma consequência. Comecei a ler e rapidamente perdi o sentido do tempo e do espaço; estava revivendo todos os momentos e David não existia mais. Até minha voz mudou: eu passava do encantamento à preocupação, da excitação ao abafamento, de vítima a conquistador; flutuava nas palavras como se elas fossem ondas. Era uma delícia contar nossa história, minha e de Tancrède, para uma pessoa que escutava de verdade.

De repente, ao fim de um parágrafo, levantei a cabeça e vi David literalmente coberto de lágrimas. Então me emocionei com ele, contei e contei ainda mais, sabendo que tinha descoberto um amigo, um irmão ou talvez mais. Uma voz interior me disse: "Este é o homem da sua vida". Ela não estava enganada.

A noite foi doce. Dormimos entrelaçados, felizes por estarmos juntos. Pouco falamos; estávamos simplesmente bem. Foi tão leve. Eu tinha a impressão de estar em outra dimensão, onde nada mais existia. Com David, descansava de todas as minhas inquietações. A dois, tudo parecia mais fácil. Fizemos amor e foi delicioso. Depois, dormimos serenos e entregues, aproveitando o momento presente sem pensar. Para mim, e também para David, aquela primeira noite foi uma meditação em que cada um se reconciliou consigo mesmo, esquecendo-se das preocupações do mundo e soltando-se no mundo do sentir. Amar-se é amar a vida: foi a mensagem que extraímos dessa primeira noite.

No dia seguinte, preparei o café da manhã e fui acordar Tancrède para levá-lo à pré-escola. Nos encontramos os três na cozinha. Era tão estranho permitir que alguém que eu conhecera na véspera participasse daquele momento tão íntimo da minha pequena família. Isso nunca tinha acontecido. No entanto, havia algo de especial em compartilhar meu pequeno com esse novo amor. Tancrède se apaixonou desde o primeiro minuto por David, e foi recíproco. No entanto, alguns minutos antes de sair para trabalhar, David me disse: "Passei momentos muito bons e gostaria de rever você, mas não me sinto

Comprado em ruínas, imóvel tornou-se um dos mais sofisticados de Paris

pronto para entrar em uma história". Agradeci, feliz com a honestidade dele e com o fato de sentir o mesmo desejo de estar livre. Acho que foi a chave do sucesso de nossa história: daquele momento em diante, nunca mais nos separamos. Cada um esperava a ligação do outro para saber quando nos reveríamos, e todos os dias David voltava à minha casa...

VOZ
Na noite após o primeiro encontro, a voz continuava a ressoar na minha mente: "Ele é o homem da sua vida, é o homem da sua vida..." Eu

sabia que aquela voz tinha razão; não podia explicar, mas sabia. Ainda hoje não entendo por que não questionei, não tentei descobrir de quem era aquela voz, de onde vinha. Foi muito misterioso, mas não tentei entender. Os anos passaram e hoje eu sei. Entendi, e agradeço toda cada vez que me lembro. Demorou anos de uma busca no mais profundo do meu ser para me aproximar da minha essência. Era essa essência, o meu Eu Superior, que falava dentro de mim para me mostrar o caminho e me guiar até a missão: reencontrar o amor dentro de mim e expandi-lo para a humanidade.

Durante quatro meses, pus David à prova. Eu tinha na cabeça um perfil muito claro do homem perfeito com quem queria viver uma grande história. David não era nada daquilo. Eu sonhava com um homem culto, que conhecesse arte e gostasse do assunto. Que tivesse bastante dinheiro, o que tornaria mais simples a relação. Que fosse de preferência mais velho, e não tão bonito. O que iria fazer com um namorado que não tinha nada a ver com essa pessoa dos meus sonhos? No entanto, era ele, e eu sabia que a voz não me enganava. No mais profundo do meu coração, sentia que falava a verdade. Então, após quatro meses de luta para amar David como ele é, eu me rendi e fiz a pergunta que mudou toda a nossa vida: "Você quer vir morar conosco no Brasil?" David respondeu que precisava refletir, mas uma força interior me fez dizer com veemência: "Não precisa refletir. Já sei que você irá conosco". Nesse momento, David me olhou, confiou e declarou: "Ah, então está bem".

David estava terminando um MBA em Paris e já se mostrava cansado do seu trabalho como gerente de projetos internacionais em uma multinacional do setor eletrônico. Mesmo em sua vida, tudo parecia conspirar para que nossa história se encaminhasse para uma vida em comum em outro continente.

São Paulo, maio de 2015

UMA FAMÍLIA COMO OUTRA QUALQUER

David e eu estávamos juntos fazia oito anos quando Tancrède adoeceu. A doença de nosso filho pôs novamente David à prova, bem como nosso amor e nosso relacionamento.

Desde que David e eu nos conhecemos, soube que ele tinha conseguido equilibrar as energias masculina e feminina dentro dele. Ele irradia amor, cuidado, doçura, e nossos alunos sempre o procuram para receber suas atenções e seu carinho. Nos retiros que realizamos, ele é considerado doce e amoroso. No hospital, nossos papéis se cristalizaram natural e magnificamente, quase sem que nos déssemos conta. O guerreiro adormecido em meu coração acordava para transformar uma realidade que podia ser fatal, não apenas para meu filho, mas também para mim. Enfrentando os médicos, eu mobilizava a equipe em meu desespero pela sobrevivência do nosso filho, agitando as redes sociais. Eu lutava pela vida de Tancrède. David cuidava da administração e da organização dos medicamentos de que Tancrède precisava, e ainda precisa. Era sua forma de trazer ainda mais amor para ele. Logo que voltou para casa, eram 16 os remédios que tomava por dia. No entanto, ele também podia ser duro com Tancrède, exigindo que se sentasse corretamente à mesa, repreendendo-o quando acordava tarde – a ponto de Tancrède se queixar a mim algumas vezes. Nessas ocasiões, não dei razão a meu filho: procurava sempre defender David. Mais tarde, quando estávamos sós, eu conversava sobre o assunto com meu companheiro e, juntos, tentávamos encontrar um equilíbrio. O que jamais foi difícil: David tem uma cumplicidade natural com as crianças, brinca mais com elas do que eu, leva-as aonde for preciso para diverti-las.

O fato é que somos uma família igual a todas as famílias. Quando nos chamam de "família homoparental", acho meio tolo. A maior diferença talvez esteja na praticidade da nossa vida a dois – partilhamos sapatos, roupas e o barbeador!!! David é mais brincalhão com as crianças e eu coloco mais limites, porém às vezes esses papéis se invertem e convivemos com isso de forma leve e descomplicada. O sucesso da nossa relação se deve apenas à nossa forma de nos comunicarmos na verdade, podendo falar sobre qualquer assunto sem envolver emoção ou ego, sem nos ferirmos, mas tentando escutar o outro e transformá-lo. Quando nos sentimos amados, podemos ouvir uma

Angústia

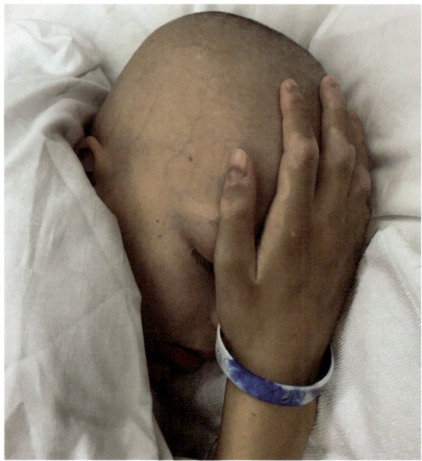

reclamação sem nos sentirmos rejeitados ou machucados.

A doença de Tancrède foi um divisor de águas nessa relação aparentemente tão equilibrada. Sim, pois havia um desequilíbrio, que não era aparente e se revelou com toda sua intensidade naqueles meses nos quais vivemos permanentemente em estado de urgência. Tudo se exacerbou dentro de nós: se estávamos com medo, era muito medo. Se algo não era justo, questionávamos à exaustão. Se David cometia erros, mesmo que pequenos, minha reação era desproporcionalmente forte. Parecia que estávamos o tempo todo caminhando sobre um fio estreito, o fio da vida, que poderia de repente, e a cada momento, se tornar o fio da morte.

Nosso relacionamento passou por uma limpeza total, e hoje posso dizer que se fortaleceu. David muitas vezes me dizia que eu era seu mestre, que admirava minha filosofia de vida. Nunca concordei com essa afirmação nem quis que ela fosse verdadeira – meu desejo maior era que ele brilhasse por si, por sua luz, e não através de mim. No entanto, meu desespero diante da fragilidade de Tancrède colocou David face a face com minha sombra. Seu lado criança e algumas atitudes infantis durante o tratamento de Tancrède fizeram com que eu me afastasse dele.

Me dou conta hoje de que, desde o início da doença de Tancrède, havia uma raiva dentro de mim direcionada a David: eu me sentia impotente diante de seu desespero. Quando via as lágrimas em seu rosto, minha profunda tristeza vinha à tona também – e eu lutava tanto para que isso não acontecesse, especialmente na frente dele. No dia do transplante de Tancrède, uma mãe da escola, solidária com nossa luta, pediu, com todo o amor do mundo, para ficar conosco no quarto durante o procedimento. Solícito, David concordou. Quando me dei conta da situação, chamei-o à parte. "David", disse a ele, "você não entende que nosso filho pode morrer nas próximas duas horas? Ele não tem imunidade! Não podemos permitir que outras pessoas estejam conosco no quarto no momento do transplante." David começou a chorar; talvez estivesse negando essa possibilidade, embora soubesse dela, até aquele momento. O ser humano às vezes se esconde no caminho mais fácil – não enfrentar a realidade. Os médicos intervieram e pediram à nossa amiga que nos deixasse. Mais tarde, naquela noite, David me disse que não havia entendido que Tancrède podia morrer.

David evoluiu imensamente como ser humano durante a doença de nosso filho. Eu evoluí imensamente como ser humano durante a doença de nosso filho. Nosso relacionamento ganhou outra dimensão, mais equilibrada, mais humana, mas, sobretudo, além de ser verdadeira, ela se tornou uma relação na qual aprendemos a nos amar por inteiro, tanto por nossa sombra quanto por nossa luz. Também isso devemos a Tancrède.

Paris, abril de 2007

DESTINO: BRASIL

A chegada de Tancrède revolucionou muitas das minhas ideias sobre a vida, a Verdade e a felicidade. Comecei a planejar uma mudança radical dentro e fora de mim. Depois de muita reflexão, assumi meu desejo de deixar a França. Assim, nos aproximávamos cada dia mais do nosso sonho.

A França passava por uma crise econômica profunda, e eu vendera minha galeria, minha fonte de renda, em uma ótima negociação. Finalmente, foi graças a minha amiga Laly Mansur, que entrou um dia em minha galeria em Paris para comprar móveis para sua casa em São Paulo, que, pela primeira vez, tive contato com o Brasil. Laly se tornou uma amiga fiel por quem sinto gratidão infinita. Então, o Brasil entrou nos meus planos. Minha relação com João me permitira conhecer esse país pelo qual me apaixonei. As belezas naturais e a cultura do Brasil me encantaram inexoravelmente.

Eu levava Tancrède comigo a cada viagem ao Brasil e passávamos a maior parte do tempo na casa dos amigos que logo fizemos. Os brasileiros são muito acolhedores, e sempre fomos recebidos com muito amor e atenção neste país tão generoso. Tancrède era tratado como um príncipe, e percebemos no Brasil diferenças fundamentais em relação à França: aqui, qualquer adulto se coloca à disposição das crianças, o sentido de família domina as relações e a esperança invade todos os seres que têm a oportunidade de passar por este lindo país. Sob o sol dos trópicos, eu me sentia existir. Cada vez que voltava para Paris, o céu cinza e pesado da capital passou a me deprimir, bem como o parisianismo. Também sonhava em construir uma vida nova, diferente de tudo o que tinha aprendido e vivido até então. Hoje estou orgulhoso de ter realizado esse sonho. Cumpre dizer que Laly e seu marido nos apoiaram com muito amor em nossa nova jornada.

David conhecia o Brasil e se apaixonou pelo nosso projeto. Os meses seguintes foram de preparação para a viagem, mas também aproveitamos para curtir nossa nova família. Passamos fins de semana inteiros brincando com Tancrède, passeando, nos conhecendo e descobrindo outra forma de compartilhar amor. Percebi pela primeira vez que o amor não se divide: ele se multiplica. Descobri que não organizamos o tempo: ele faz o trabalho dentro do que planejamos – ou não, se nossa evolução exigir mais. Comecei a entender, a passo de formiga, a dinâmica da vida. Eu pensava que tínhamos o poder de controlar pelo menos a maior parte de nossa vida, mas não é bem assim que funciona. Sim, podemos criar tudo o que queremos, mas uma força maior pode alterar nosso caminho para que experimentemos todas as oportunidades criadas pela nossa presença no planeta. Assim, criei meu filho, mas ele veio para transformar minha consciência e provocar uma mudança radical. Será que sem ele eu teria tido a vontade e a coragem de mudar de país?

A verdade é que não podia conceber que meu bebê fosse criado em um país onde eu não estava feliz. Na França, sofria com o frio, tanto do clima quanto do temperamento dos franceses, com as convenções, com o racismo, com o silêncio. Se antes queria que meu filho vivenciasse minha cidade, meu país, agora tinha me convencido de que não era o melhor para ele. A plenitude que descobria na sua presença me dava asas para voar, luz para enxergar e alimentava meus sonhos. O Brasil se apresentava como uma chave que tudo poderia transformar. Abandonar tudo o que tinha construído em 45 anos de vida e transferir o fruto do meu trabalho para um país que eu conhecia tão pouco era um risco grande, claro. No entanto, uma força maior me empurrava para esse desafio magistral. Tinha a obrigação de ser feliz agora, por nós três, e David trouxe esta mensagem: "Você está certo! Transforme tudo. Você não tem nada a perder, e estou aqui apoiando sua escolha com minha presença".

Coloquei meu apartamento à venda por um valor alto, como forma de cobrir os custos da reforma e do tempo que tinha dedicado a ele. Vendi-o pelo valor anunciado e incluí no "pacote" parte dos móveis. Foi uma operação extremamente lucrativa. Tudo estava pronto para a grande viagem.

INTERLÚDIO

Acertada a venda, e enquanto os papéis para concluir a transação não ficavam prontos, fizemos uma viagem de férias encantadora. Eu costumava passar o mês de julho hospedado na casa de um amigo, o príncipe Amyn Aga Khan, na Sardenha. Tínhamos nos distanciado geograficamente durante a gestação e logo após o nascimento de Tancrède, mas, em meu coração, minha amizade por Amyn permaneceu intocada. Ele acolheu meu filho com carinho. Amyn tinha criado a filha do seu parceiro e entendia meus sentimentos. Com a elegância que o caracteriza, passou a incluir Tancrède nos convites. A nobreza do meu amigo não vinha apenas da sua ascendência: vinha do coração.

Naquela temporada, encontramos um grupo de italianos muito engraçados. Um era cantor de ópera, outro trabalhava com moda, o terceiro tinha um restaurante e as meninas do grupo viajavam pelo mundo! Nossos jantares sempre acabavam com um grupo animado cantando melodias e óperas tradicionais italianas. Música, riso e alegria: assim eram as noites na casa de Porto Cervo. Do terraço da propriedade, víamos a baía de Porto Cervo o os ancoradouros dos barcos que pertenciam a milionários e famosos, e brincávamos de descobrir qual celebridade estava chegando. Ao pôr do sol, íamos para o hotel Cala Di Volpe, construído pela família Aga Khan nos anos 1970. Lá podíamos encontrar personalidades do jet set internacional e bebericar um bellini, deliciosa bebida de champanhe com suco de pêssego, especialidade criada pelo Cipriani, um dos mais famosos hotéis do mundo, em Veneza. Durante o dia, alugávamos um barco e visitávamos ilhas e praias de água turquesa do mar Mediterrâneo. Tancrède era mimado por todos. Nosso mês de férias voou. Estávamos felizes e inconscientes da verdade que descobriríamos um ano depois no Brasil.

São Paulo, agosto de 2008

NOSSOS MESTRES PERFEITOS

No dia 1o, embarcamos com Carmen, a mãe do David, e 17 malas para nosso novo destino: o Brasil. A viagem foi muito tranquila. Carmen cuidou de Tancrède quando precisamos organizar o despacho das bagagens, passar pela alfândega ou apresentar os papéis de identidade. Chegamos pela manhã e nos instalamos em um flat em São Paulo, no bairro de Pinheiros. De imediato, nos incomodaram a avenida barulhenta e sem tanta vida de bairro. No dia seguinte, nos mudamos para outra vizinhança, o Jardim Paulista, onde ficamos quatro meses.

Nesses quatro meses, tivemos que aprender definitivamente o português, tanto para falar quanto para escrever. Ainda em Paris, tivéramos aulas com uma brasileira que lá vivia, mas não estávamos 100% preparados. Sempre que alguém queria conversar conosco em inglês, francês ou espanhol, respondíamos em português. Fizemos de tudo para aprender a língua! Em alguns meses, conquistamos fluência suficiente para nos sentirmos integrados. Escolhemos para Tancrède a Escola Britânica, onde poderia falar inglês; em casa, continuaria falando o francês comigo e o espanhol com David. Não foi um desafio para ele, que parece ter muita facilidade para se adaptar a novos ambientes. Hoje podemos dizer que nossos filhos, criados por um casal de dois pais e expostos às influências de várias culturas, aprenderam a tolerar e a não julgar. Nunca os ouvimos falar mal de alguém. David e eu percebemos claramente nossas crianças como cidadãos do mundo, seres livres e capazes de perceber o ser humano através do sentir, e não por suas diferenças ou sua aparência. Quem poderia imaginar que eu, criado em uma cultura naturalmente crítica, egoísta e arrogante, induzido a opinar sobre qualquer pessoa e qualquer assunto, teria dois meninos tão conscientes?

Que beleza ver minha evolução através dos meus filhos. Sim, é verdade: nossa aventura me trouxe verdadeiros mestres e espelhos perfeitos. Precisei revisitar todos os meus preconceitos, toda a ilusão da minha existência para chegar ao mais simples: apenas o amor traz a união, apenas a união traz a felicidade e apenas a felicidade traz a união! Como foi possível que me esquecesse dessa verdade? O amor é a fundação e o propósito de nossa experiência no planeta. Que sofrimentos me levaram a não me amar mais, a me apartar, a viver o inferno na Terra quando o paraíso já está dentro de nós se temos a coragem de procurá-lo? O amor por meu filho me ensinou o amor por todos que encontrei depois. Tive que reaprender a amar, tive que redescobrir que todos nós somos energias de amor, entender que nos amamos todos naturalmente porque é a nossa natureza. SOMOS AMOR! Tive que reaprender a me olhar com carinho primeiro, a limpar o meu passado, a perdoar para só então, finalmente, descobrir que não havia nada a perdoar. Os que me machucaram o fizeram porque já estavam machucados. Já estavam em sofrimento.

Comecei a enxergar a luz de cada um, a não me sentir mais ferido ao experimentar uma energia agressiva, a acolher o sofrimento do outro para transformá-lo através do meu amor. Foi assim que descobri o verdadeiro ser humano, o Deus que vive dentro de cada um, a luz brilhante e poderosa em cada coração. Foi assim que enxerguei os anjos que são os humanos. Hoje admiro todos os seres humanos por sua luz, por sua coragem ou sua covardia, por seus sofrimentos e sua plenitude, sua beleza e sua sombra, porque não sou diferente de ninguém e me reconheço em todos.

Obrigado, Tancrède, porque, além de tudo o que vivemos juntos, você me mostrou minha nova vida. Tancrède, seu nome significa "o poder do pensamento", e você encarnou a sua missão comigo. Obrigado, meu filho. Você cumpre seu trabalho com excelência, e prometo continuar a cumprir o meu da melhor forma que puder, para você, para mim e para todos os seres vivos.

AMOR AO NOSSO REDOR
Conhecer o novo país e, ao mesmo tempo, sentir-se parte dele foi uma experiência rara e feliz. Para os brasileiros, mesmo que morássemos na mesma cidade, éramos estrangeiros, o que atraía sobre nós o olhar atencioso reservado habitualmente àqueles que estão em situação de fragilidade. Os paulistanos foram muito gentis conosco; houve, claro, quem tentasse se aproveitar de nós, mas a maioria nos ajudou carinhosamente. De forma geral, sentimos muito amor ao nosso redor. Logo nos primeiros meses, chegamos à constatação de que não havia comparação possível entre nossa vida no Brasil e nossa antiga vida. Muitas vezes nos sentimos tentados a reagir como europeus que éramos, dizendo a quem quisesse ouvir: "Na França não acontece dessa forma". Tivemos que esquecer tudo para acolher uma nova forma de pensar, de falar, de responder, de organizar; para resumir: de viver!

O MOSTEIRO
Não foi necessário visitar muitas casas para decidir qual compraríamos, pois eu já tinha visto a escolhida em meus sonhos, numa visão. Quando chegamos àquela mansão dos anos 1940, foi o jardim que me atraiu primeiro. Ele não estava bem cuidado, mas imediatamente soube que as plantas e as árvores poderiam renascer nas minhas mãos. Senti o chamado daquele jardim; senti também uma presença que não estava pronto para identificar. Minha imaginação me guiava: bastaram dez minutos para que eu visualizasse o destino daqueles mil metros quadrados de jardim. Não queria tirar nem matar nada; ao contrário, apenas desejava reorganizar o que já existia,

devolvendo aos espíritos da natureza tudo o que o homem tinha desconstruído. Intuitivamente, anotei quais plantas precisavam mudar de lugar, quais precisavam mais de sol ou mais de água, aquelas que precisavam estar juntas ou que tinham uma missão, traziam alegria, ou aquelas que floresciam para o nosso prazer e a nossa paz.

Eu tinha experiência nesse trabalho, pois havia participado da construção de um jardim gigantesco no Château de Champ de Bataille, onde morara durante sete anos. Ali, em 100 hectares de terra, meu ex-companheiro Jacques havia criado do zero um parque francês. Trocávamos opiniões o tempo todo e, além de apoiar Jacques incondicionalmente, eu oferecia minhas ideias para erguer um jardim a partir da lama molhada tão característica daquela região da Normandia. A chuva abundante na região era um desafio enorme; se não a levássemos em conta, teríamos lagos e canais em vez de bosques e bordados de buxinhos. Eu passava fins de semana inteiros mexendo em plantas, terra e elementos, apoiando o milagre do Criador da natureza.

Em Champ de Bataille convivi com Jacques, em uma linda história de amor. Ali também aprendi o ciclo mágico e interminável dos elementos. Entre as tempestades, as secas e as inundações, nosso jardim francês inteiramente inspirado do século 17 tinha sobrevivido, e quando a mãe natureza, aliando-se ao clima, vinha se rebelar, Jacques reconstruía tudo sem se desesperar. Após alguns anos, o jardim de Champ de Bataille se tornou uma obra de arte, reconhecida internacionalmente. Era magnífico. Tornou-se tema de estudo para os maiores especialistas mundiais. Ainda hoje é um dos mais famosos parques da Europa.

O jardim que me encantara em São Paulo não era francês nem tinha parentesco com as proporções genialmente exageradas de Champ de Bataille, mas tinha a beleza e a abundância dos trópicos. Se por um lado eu precisava aprender tudo sobre aquelas plantas exóticas, por outro já sabia como me comunicar com a natureza. Foi um dos maiores aprendizados que recebi em Champ de Bataille, onde me sentia em comunhão com o jardim e com o castelo. E foi o início de uma nova caminhada para me reconciliar com minha origem: a terra!

No meu novo país, era a mata atlântica que me fascinava. Não existem lugares inexplorados na França. O simples fato de saber que havia florestas inteiras no Brasil onde o homem nunca pisara atiçava minha curiosidade. Mas tinha que começar pelo início. Eu sentia que aquele jardim era o início não só de uma vida nova, mas era também a descoberta da vida sem limites, da multiplicação até o infinito, porque ali tudo era possível. Com chuva e sol, não havia limites para a natureza se desenvolver por meio da própria inteligência, assim como a vida: o amor cria o possível no impossível. Foi nesse pedaço de terra que começou minha iniciação.

Quando entramos no salão principal, emocionado, falei para David: "Eu vi esta sala, já sei que será esta casa". O valor do aluguel era bem superior ao nosso orçamento, porém eu não tinha dúvida. Já tinha visto tudo daquela sala: o teto de 6 metros de altura, a janela que seria preciso ampliar para trazer a luz do jardim para dentro, a lareira cujo fogo iria colorir as tapeçarias que eu traria, o chão de madeira a tingir para destacar a coleção de móveis do século 18 que veio conosco de Paris. Era a casa dos meus sonhos. Logo negociei um aluguel razoável e comecei as obras para o Mosteiro honrar seu novo nome. Mosteiro: foi assim que passamos a chamar nossa nova casa, devido aos arcos neogóticos de pedras que havia do lado de fora e por causa das paredes de tijolo que davam um charme austero ao lugar.

Devido à venda dos meus bens em Paris, conheci nesse período uma liberdade financeira que nunca tinha vivido antes. Trabalhar não era uma prioridade, de forma que a maior parte do tempo era dedicada às obras da casa e a construir uma vida social. O jardim, no qual eu trabalhava quase todos os dias, se tornou rapidamente um santuário. Logo uma capelinha neogótica passou a recepcionar os visitantes na entrada da casa. Coladas às paredes do edifício, as folhas atrevidas de um jasmineiro cada dia mais bonito exalavam um perfume provocante, que parecia abençoar cada recém-chegado. Flores exóticas hipnotizavam o olhar, preparando quem chegava para a visão daquele paraíso vegetal onde os pássaros cantavam o milagre da vida. Algumas pessoas se entregavam àquela magia, outras não conseguiam se conectar, mas todos saíam mexidos ou transformados.

A natureza é o nosso espelho. Ela reflete o nosso amor ou se rebela contra a nossa negligência. A natureza se conecta conosco se acreditamos na sua inteligência e se queremos escutá-la. As árvores e as flores falam. É verdade; quase todo mundo acha ridículo acreditar nisso, porém acontece, sim. Eu, que já fui uma pessoa tão materialista, adepto de valores tão superficiais; eu, que tinha tão pouca fé, ouvi as árvores falarem comigo. A primeira vez foi assustadora: um carvalho na floresta de Findhorn, na Escócia, me mostrou todo meu passado, limpando emoções negativas gravadas nas minhas células. Na segunda vez, três palmeiras me disseram: "Estamos aqui para proteger você. Juntos somos um. Escute nossa voz, ela é universal e ressoa dentro de você tanto quanto dentro de nós. Escute-nos; assim se escutará, e sua luz brilhará por nós e para nós. Alimentamos você e você nos alimenta; escute, e o vento virá trazer o que é preciso para você entender". Nesse dia chorei, porque tinha esquecido a presença da natureza durante tanto tempo; nesse dia aprendi não apenas a escutar as árvores, mas também os seres humanos.

Nesse sentido, eu não era mais o proprietário daquele jardim, era apenas seu guardião. No centro dele continuava a crescer uma árvore octogenária. Duas vezes por ano, milhares de flores amarelas vinham decorar seus galhos. Até o dia em que as flores não apareceram, e rapidamente percebi que ela estava morrendo. Então, a cada manhã vinha rezar, cantar e dançar ao pé do seu tronco. Pois um dia a árvore me falou: "Não se desespere, eu vou renascer". Confiei, e algumas semanas depois duas árvores nasceram no coração do antigo tronco, a 3 metros de altura. Quando percebi, agradeci e aprendi a confiar sempre mais. Dois meses depois, descobri que o caseiro havia colocado veneno para não ter mais que varrer as folhas do chão.

Em nosso primeiro ano em São Paulo, depois que nossos móveis chegaram da França, organizamos muitos jantares em casa ou no jardim. Tochas de bambu iluminavam a propriedade, tão linda à noite quanto de dia. A varanda de bambu abrigava centenas de orquídeas e conduzia à piscina, um lago verde brilhante onde os pássaros vinham matar a sede nos dias de grande calor. Eu gastava horas preparando a mesa de jantar, com talheres de prata e copos antigos; precisava impressionar mostrando a melhor cozinha, a melhor decoração, o melhor da cultura francesa, a qualidade dos meus amigos. Toda a minha energia estava concentrada nas aparências. Acreditava que assim todos me amariam. Tanto tempo e dinheiro gasto correndo atrás de algo que nunca chegaria dessa forma, mas chegaria um dia. Eu não sabia naquele momento, mas havia um longo caminho a percorrer. Porém, se eu estava correndo atrás do reconhecimento, a beleza das noites encantadas no Mosteiro com nossos amigos se tornou, hoje, uma lembrança deliciosa.

São Paulo, junho de 2015

10/10 EM TUDO

Quando a notícia da medula 9/10 chegou, ficamos com certeza felizes. Estávamos certos de que era a consequência da transformação de todos que estavam conosco na luta pela vida, pela vida de Tancrède, mas também pela vida interior de cada um. Ficamos muito felizes, sim, mas ao mesmo tempo não foi uma grande surpresa. Era lógico! Oferecemos toda a nossa intimidade e a nossa história para pedir ajuda a todos. Expusemos nossos sentimentos, nossa fraqueza e nossa coragem; em troca, recebemos amor e reconhecimento suficientes para a cura de Tancrède. Então, tratava-se de uma grande notícia, mas ao mesmo tempo era um dos capítulos finais da grande história de amor entre uma família expandida, planetária, que tinha surgido após o nosso apelo, e a nossa pequena família, ambas unidas por Tancrède. Era como um milagre que vinha recompensar a nossa entrega.

Porém, eu ainda não estava satisfeito. Sabia que, com uma medula 9/10, as chances de sucesso do transplante não eram as melhores possíveis. A situação podia ser resumida da seguinte maneira: imagine que seu filho está morrendo e alguém chega trazendo um remédio poderoso. Porém, esse portador avisa que existe uma chance em dez de seu filho não sobreviver após fazer uso do remédio. Essa probabilidade de 1/10 se transformou rapidamente em 6/10 na minha mente atormentada, porque acrescia 10% de risco ao perigo já conhecido de 50%. Total: 60% de risco de morte. Eu não queria 60% de risco de morte para meu filho. Aliás, nem queria 50%; mesmo 1% era demais para mim. Então, se havia a possibilidade de achar uma medula 100% compatível, eu precisava, a qualquer custo, achá-la. 9/10 não era suficiente.

E, finalmente, na minha vida sempre procurei o 10/10 em tudo. Sempre coloquei todo o meu amor, minha energia, minha coragem no 10/10. Quando finalmente decidi sobreviver à morte do meu irmão, aos dois abusos sexuais que sofri na infância, ao abandono do meu namorado; quando saí da casa de meus pais e, um tempo depois, fui abandonado por eles; quando, de repente, minha vida com Jacques acabou; quando Tancrède chegou e eu, durante um ano, paralisei minha vida para ficar 24 horas por dia com ele; quando decidi sair da França, o país que tinha se tornado apenas 5/10 para mim. Ao longo de toda a minha vida, eu tinha buscado o 10/10. Então, naquele momento, por que mudaria? Por que sairia da dinâmica da minha vida, que procurava sempre atingir o 10/10?

Amo David de todo o meu coração; ele, Tancrède e Elzear eram, e são, as personagens mais importantes da minha vida. Teria sido injusto praticar o 10/10 ao longo de toda a minha existência e me satisfazer com um 9/10 para a carne da minha carne, para qualquer um dos meus filhos.

CONFRONTO COM OS MÉDICOS

E, no entanto, parecia que minha voz era dissonante.

Foi a reunião mais difícil de toda a longa internação de Tancrède para tratar a leucemia.

O médico responsável pelo serviço nos disse que 9/10 era suficiente. Interrompi-o quando tentou argumentar, mas ele não estava acostumado a ser interrompido e na primeira vez não me deixou falar. Então, pedi permissão para interrompê-lo uma segunda vez. Olhos nos olhos, o dedo indicador apontado para o coração dele, eu o desafiei, com um poder que nunca teria imaginado: "Vamos achar essa medula 10/10 e você vai me ajudar, e você vai acreditar, porque eu acredito, porque milhares de pessoas estão acreditando agora e porque vou gritar para o mundo inteiro que meu filho precisa viver e ser salvo graças ao amor, mas sobretudo graças à fé. Peço a você que tenha fé e não desista. Peço que não se contente com essa medula 9/10, porque hoje Tancrède está milagrosamente num período quase estável devido, com certeza, aos remédios, mas também a todo o movimento que David, nossas amigas e eu criamos no planeta inteiro. Você concorda? Porque, se você não concorda, vou fazer uma revolução aqui ou onde for necessário, porque sei que estou certo e porque confio em você, simplesmente porque você pediu a minha confiança. Hoje peço a você que assuma a confiança que depositei em você. Você concorda?"

Nosso médico ficou vermelho. Eu o tinha interrompido duas vezes diante de uma equipe de dez jovens médicos. Tinha me negado a aceitar a medula 9/10 e, além disso, apontava para ele meu indicador como uma espada trespassando suas convicções. Estava confundindo essa personagem que, ao longo dos anos, ocupava uma posição que não mais admitia contestações – ou ao menos era como eu o via. Estava me opondo a seu poder, a seu status profissional, a seu papel de pai e mestre à frente de seus alunos médicos. De repente, de pai de paciente, eu me tornava o professor pedindo a seu aluno que revisse uma decisão e seu ponto de vista. Eu tinha uma visão e ele tinha outra, mas eu era apenas o pai de um menino doente e ele era o grande responsável pelo setor de leucemia infantil em um dos melhores hospitais do Brasil. Porém, ele enxergou nos meus olhos que eu nunca mudaria minha posição. Não precisou recorrer à sua humildade para aceitar essa mudança. A violência do meu olhar era suficiente e, ao me comunicar com ele, eu sentia em meu coração que estava certo.

Eu estava vibrando e sentia um poder que vinha não apenas de mim, mas de uma força maior. Não precisava buscar explicação: essa força maior me preenchia inteiro e apenas me usava como uma ferramenta para, de novo, salvar uma vida não apenas de uma criança, mas de uma parte de mim, Tancrède, meu filho, meu bebê, meu lindo, meu tesouro... Nunca esquecerei aquele momento em que eu estava possuído; em que, de qualquer maneira, precisava ter o que procurava: uma medula 100% compatível com o corpo do meu filho, 100% compatível com meu próprio corpo, porque ele e eu formamos um, desde sempre e para sempre. Hoje me dou conta de que nossa história é apenas uma ilustração da particularidade do ser humano. Quer sejamos pai e filho, mãe e filha, irmão ou avós, amigos ou parentes, ou simplesmente estrangeiros, formamos todos um, e nossa história veio provar isso para a humanidade.

No entanto, a resposta do médico foi categórica: "Luc, é impossível achar uma medula 10/10. Seu filho tem um gene extremamente raro. Nunca vamos achar". Das minhas entranhas, uma raiva nasceu qual um fogo de artifício que acabamos de acender. Me tornei um dinossauro, o mais alto que existe, o mais perigoso para a raça humana. Olhei para o médico e de repente ele se tornou minúsculo a meus olhos. Olhei-o do alto da minha nova e recém-adquirida estatura e disparei: "De qualquer maneira, vamos achar, com você ou sem você. Mas eu acho que seria melhor com você, não acha?"

Ele estava contendo a fúria que eu tinha provocado. Um silêncio apertado e pesado invadiu a pequena sala do consultório. Fazia provavelmente uma década que ninguém se comunicava com ele dessa forma. Mas qual seria a forma adequada? Era apenas a minha verdade, a minha só. Qualquer outro teria se colocado do lado do médico, confiando no grande especialista, mas eu queria criar a solução para Tancrède; eu acreditava e sabia que por meio da fé podíamos criar essa cura.

Quanto mais o tempo passava, mais a sensação de me sentir um deus enraizava-se na minha mente e no meu coração, até eu ficar convencido de que sim, sou Deus, tenho todos os poderes, e por meio de meus pensamentos posso criar tudo o que quero se eu assim acreditar. Minha única intenção ao usar dessa violência, e sou contra a violência, era demonstrar, naquele dia, ao nosso médico que ele também é Deus, e que todos nós somos Deus, e que todos nós podemos criar tudo o que queremos se acreditamos. Ele não acreditou, e eu acreditei por ele. Consegui convencê-lo a liberar a continuação da pesquisa. Mesmo que não quisesse acreditar, seu amor para conosco, para com Tancrède e para com seu trabalho venceu finalmente sua dúvida.

Ao longo do tempo, percebi, atrás das palavras desse médico, o doutor Nelson Hamerschlak, uma sensibilidade intensa. Não era por acaso que cuidava de crianças entre a vida e a morte. Será que um homem pode ser ele mesmo quando vê morrerem crianças, às vezes sem poder fazer nada? Acredito que não. Assim, entendi nosso médico e desenvolvi um amor profundo e verdadeiro por ele, honrando sua capacidade de encontrar o melhor tratamento para que todas as crianças tivessem chance de sobreviver, mas, sobretudo, por sua coragem de assumir, quase sozinho, a responsabilidade por decisões que envolvem vida e fim de vida. Com certeza, sua equipe sempre estava a seu lado, e particularmente nossos queridos doutor Luís Fernando e doutora Natália, que se tornaram quase parte da nossa família. Porém, anunciar para dois pais que seu filho tem menos de 10% de chance de sobreviver não é algo normal, é sobre-humano, está além da dinâmica humana. Estamos aqui para doar e compartilhar a vida, não para anunciar a uma família que um membro dela está à beira da morte. Assim, admiro esse grande médico por sua coragem, por sua humildade e por também reconhecer suas limitações e, às vezes, pedir opiniões a médicos de fora. Doutor Nelson, e também doutor Vicente, minha gratidão e minha admiração por vocês são infinitas, e não apenas pelo que fizeram por Tancrède, mas também pelo amor no que praticam todo dia, por meio da ciência, da medicina, mas também pela sua vontade sem limites de salvar vidas. Nos tornamos vocês e toda a equipe, um time que trabalha com o mesmo objetivo e a mesma dedicação.

Oferecemos a vocês a nossa fé porque vocês eram uma chave, a chave pela ciência, quando nós usávamos a chave pelo amor. O amor convenceu a ciência, e juntos vencemos. E, finalmente, milhares de pessoas seguiram acreditando conosco.

O CORAÇÃO SEMPRE SABE ANTES

Semanas depois, estávamos todos reunidos, Elzear, David, Tancrède e eu no quarto do hospital. Não sei por quê – mesmo que hoje, escrevendo, eu comece a entender o mistério daquele dia –, mas havia uma alegria reinando ao redor da cama de nosso filho. Nossa querida amiga Samantha, que nos ajudou tanto na pesquisa da medula, sacrificando por vezes a convivência com os próprios filhos, estava conosco. Ela estava estranha. De vez em quando, uma careta esquisita se desenhava no rosto dela, mas não desconfiamos de nada. Samantha tinha vindo para participar da reunião com os médicos, que aconteceria logo em seguida. Ela sempre se fazia presente porque eu queria ter certeza de que a pesquisa pela medula 10/10 continuaria. Ao longo daqueles meses de buscas, Samantha tinha construído uma relação de afeto e respeito com os pesquisadores do Redome e com a equipe do Hospital Albert Einstein.

Vieram nos chamar.

Abracei longamente Tancrède, assegurando a ele que não deveria se preocupar com nossa ausência – afinal, estaríamos a 30 metros dali, na sala da família. No entanto, cada vez que eu saía de perto do meu pequeno, as lágrimas subiam aos meus olhos. Era tolo, porque estaríamos de volta meia hora depois, mas a emoção de talvez não o encontrar despertava sentimentos ruins e me lembrava de quando, em San Diego, 11 anos atrás, eu saía do hospital sem saber se meu filho estaria vivo no dia seguinte. Cada noite podia ser a última vez que ouvia sua respiração. Toda vez que abria a porta do quarto de Tancrède no Einstein, a mesma sensação me invadia.

Saímos e começamos a caminhar em direção à sala onde haveria a reunião, eu com lágrimas nos olhos, David e Samantha ao meu lado.

Foi nesse momento que Samantha falou para nós: "Luc, David, eu não tinha autorização para contar antes deste momento, do começo da reunião. Achamos uma medula 10/10".

MILAGRE

Minha alegria era infinita. O Deus que eu sentia dentro de mim nas outras reuniões não era mais uma sensação, mas um poder infinito, ilimitado, que me invadia. A partir daquele momento, soube que Tancrède estava curado, porque ele se tornava uma prova para o mundo de que sim, somos Deus, cada um é Deus e todos juntos somos Deus. Cabe a nós acreditar.

Chegamos à sala da família, onde aconteciam as reuniões, rindo, rindo, rindo, em contraste flagrante com as fisionomias tensas dos médicos. Habitualmente, entrávamos ali com aspecto cansado, tristes, sofrendo por ver nosso filho sofrer, mas daquela vez estávamos leves, alegres, vibrando, de olhos úmidos não por causa da tristeza, mas da alegria. Tínhamos conseguido uma vitória.

Ninguém sabia de nada. Nossa mensageira, Samantha, nossa amiga, nossa musa, que algumas semanas antes nem conhecíamos, tinha guardado segredo e revelado a boa nova para nós em primeiro lugar. Então pude anunciar, esquecendo todos os momentos tão violentos que tínhamos vivido juntos para convencê-los a continuar as buscas: "Achamos a medula".

Os médicos, à frente deles o doutor Nelson, nos olharam com incredulidade. Mesmo o doutor Luís Fernando, que havia se tornado um amigo para nós, não acreditou! Todos acharam que era piada. Repetimos uma, duas, três vezes; pedimos a Samantha para confirmar. Eles ficaram indecisos, duvidando, e apenas no final da reunião o doutor Nelson disse: "Luc, você tinha razão. Luc, você é o cara. Depois quero que você me explique como isso aconteceu". O doutor Luís Fernando, com quem tivéramos conversas mais profundas sobre nossas crenças no poder do Amor, abriu os braços para nós, nos abraçou e enfim entendeu. Ele sempre esteve presente e disponível a qualquer hora da noite e do dia. Era suficiente observar seu olhar para receber sua compaixão, sua dedicação, e entender que sabia por instinto se colocar no lugar de uma pessoa sofrida ou preocupada.

Não queríamos posar de vitoriosos, não. Não queríamos nos orgulhar dessa notícia que não vinha de nós, e sim de todos nós, desse amor compartilhado com milhares e milhares de seres que conosco acreditaram. Não queríamos assumir a paternidade dessa vitória que era de todos, que era fruto da nossa transformação, mas também da transformação de nós todos, que enfrentamos a possível morte de nosso filho lutando para entender o significado do que nos acontecia e mesmo, por vezes, agradecendo por essa oportunidade de evoluir e acrescentar algo à humanidade. A cura de Tancrède seria a prova de tudo que vínhamos falando havia anos nas palestras, cursos, retiros, terapias, reportagens. Agora sim! Tínhamos uma prova, um fato real, material, de que o amor tudo vence, de que somos Deus e de que, se acreditamos, podemos criar absolutamente tudo o que queremos. A prova estava em nossas mãos, mas não era nossa propriedade, era propriedade de todos. Porém, caberia a nós dizer aos homens: "Vejam, conseguimos porque acreditamos, e vocês conseguiram porque acreditaram conosco!"

Quando o doutor Nelson também acreditou, a equipe toda começou a nos olhar com admiração, querendo se aproximar de nós. Quanto a nós, éramos os mesmos, porque nada tinha mudado dentro de nós; nossa fé permanecia a mesma, intocada. Saímos humildemente, como tínhamos entrado, celebrando a vitória do amor e da união entre os homens; não a nossa vitória, mas a vitória de todos, porque um homem sozinho não tem poder, porém dois homens já multiplicam o poder humano, e milhares podem vencer uma doença ou transformar a frequência da Terra para acabar com a violência. Milhares, milhões de homens poderão devolver a humanidade à fonte de onde viemos, ao que somos de verdade: amor, apenas amor. Afastando os medos, as culpas, as feridas, o sofrimento, apenas sobra o amor.

Hoje, por vezes, no meio do dia, digo a mim mesmo: "Conseguimos! Conseguimos um milagre, uma prova! Vamos gritar isso, escrever um livro!", como se fosse algo excepcional. Escrevendo agora, de novo penso: não é excepcional, porque cada um de nós pode criar um milagre a cada momento. Podemos transformar a nossa raiva em determinação, em fé, em paz. O verdadeiro poder não vem da raiva: vem do coração e do olhar. É preciso ouvir a voz do coração. Quando se tem a coragem de olhar no mais profundo dos olhos do ser que está diante de você, se chegará ao coração desse ser, ao único lugar que tem todas as respostas; então, você que lê estas linhas, aproveite, aproveite e tente! Tente criar tudo o que você deseja, porque você pode, como nós conseguimos. Se você acredita, criará para si mesmo uma nova vida. Poderá se transformar, evoluir, trocar informações, porque a vida é assim.

A vida não é um segredo, como todas as religiões e filosofias tentaram nos fazer acreditar. Não tem segredo. Apenas existe esta verdade: você é Deus se acredita nisso, é amor se você se liberta; você é um ser livre para criar tudo o que quiser, se deseja isso do mais profundo do seu coração. Mas, antes de olhar profundamente para as íris da pessoa à sua frente, de se unir a ela de verdade, faça primeiro o exercício de se colocar na frente do espelho e lá, DE VERDADE, OLHE-SE NOS OLHOS. Se não conseguir, é porque ainda não se ama, e para amar outro ser humano é preciso amar-se primeiro. Então, procure se curar. Busque um terapeuta, crie uma família estendida, vá fazer retiro ou participar de workshops, procure para saber QUEM VOCÊ É. É exatamente a isso que decidi dedicar minha vida, a todos os que precisam curar-se, amar-se para finalmente expandir-se por fora e unir-se de verdade com a vida.

A notícia da descoberta da medula 10/10 foi como uma confirmação.

O MENSAGEIRO

Tancrède precisava saber.

Ao entrar no quarto de nosso filho, David e eu estávamos eufóricos, rindo e chorando ao mesmo tempo, a mão dele na minha mão, unidos no melhor momento da mesma forma que estivéramos unidos no pior. De certa forma, estávamos em estado de choque e apenas conseguimos dizer: "Tancrède, conseguimos! Achamos a medula 100% compatível para você!" Como é estranho pensar hoje que resumimos em apenas nove palavras uma história de vida e de morte. Estranho pensar que era suficiente; eram as palavras certas e bastavam. Parados diante de nosso filho, estávamos bêbados de felicidade, esperando ansiosos a reação de Tancrède. Ele não se moveu. Não começou a pular de alegria – mesmo porque estava muito fraco para isso. Quase não reagiu. Depois de alguns segundos de suspense, apenas nos olhou, sorriu levemente e então falou: "Ah, tudo bem, estou feliz". Para ele, era normal. Ele sabia, ele sentia, e ele tinha razão: era normal.

Naquele momento, vimos a luz de Tancrède brilhar. Ele sabia desde o começo, porque ele é uma criança. E as crianças não têm medo, elas simplesmente acreditam. Tancrède era um mestre porque já tinha entendido desde o primeiro dia; nós é que éramos os aprendizes, incapazes de acreditar até aquele momento e, portanto, explodindo de alegria como se o pesadelo tivesse acabado apenas alguns minutos antes.

No exato momento em que escrevo estas linhas, meses depois, relembrando o momento mais emocionante da minha vida, o sol está se pondo diante de mim e a cidade de São Paulo, que me acolheu, a cidade na qual meu filho foi salvo, se torna laranja. É tudo muito recente e, no entanto, parece já tão distante. A porta da varanda se abre e surge Tancrède, que vem me contar algo sobre seu jogo preferido. Digo a ele que chegou justamente quando escrevo sobre o instante em que soubemos da medula 100% compatível. Meu filho não parece interessado. Tancrède, agora herói do meu livro, o livro de sua história, nem dá bola para isso! Sua humildade me surpreende, mas entendo. Meu filho está me ensinando a virtude da humildade por meio do verdadeiro sentido dos acontecimentos. Ele não conta neste livro; o que conta é a história, é a mensagem, o que conta é a missão dele, e também a minha – a nossa.

Cada dia aprendo mais com ele, cada dia desvendo quem sou de verdade e evoluo. Sou tomado por uma imensa vontade de lhe dizer: "Sua fé, Tancrède, nos ensinou a todos que o único momento importante é o agora". Mas não posso, porque ele ainda é uma criança e não sabe o que é um mestre, e talvez ele tenha razão. Talvez sejamos todos mestres uns para os outros, porque é apenas no presente que os corações podem vibrar de verdade, unidos uns aos outros. Porque apenas no momento presente é possível esquecer o passado e secar em alguns minutos as lágrimas e o sofrimento. No momento presente não existe o medo do desconhecido. Apenas vibramos; somos quem somos, entregues ao que se apresenta diante de nós e deixando a nossa essência guiar nossos pensamentos e ações. Assim são as crianças. Elas não se sentem apartadas do outro; sofrem se o outro sofre e se alegram quando a felicidade ao seu redor se expande. Uma criança sabe que a humanidade inteira faz parte dela, bem como ela da humanidade. Um corpo só; uma consciência só. Estamos aqui para vibrar e criar juntos, e elas sabem.

Quando os adultos entenderem o ensinamento dos meninos e das meninas, quando souberem de verdade que eles são espelhos e anjos capazes de nos orientar e corrigir o caminho, o planeta se moverá no ritmo do coração da humanidade. Nesse momento, finalmente, a reconciliação acontecerá porque a humildade dos adultos permitirá o encontro com as crianças e a luz poderá finalmente brilhar. As crianças falam a verdade, e hoje, nesse novo mundo em construção, a única chave para a evolução é falar a verdade. Quer seja entre casais, quer seja em uma relação de trabalho, quer seja com filhos ou na amizade, a verdade resolve todos os problemas porque afasta o medo. E, quando os medos vão embora, é o coração que fala. É a transparência que preenche o espaço da mentira, da confusão e da ganância.

A forma como Tancrède aceitou sua doença desde o início me faz pensar que ele sempre soube que ela tinha um sentido. Porque já confiava. Será que tínhamos o direito, David e eu, de duvidar, quando Tancrède não se preocupava? Olhando para trás, para tudo o que nos aconteceu, vejo que meu filho jamais se comportou apenas como uma criança vítima de uma doença violenta. Não! Ele reagiu como um ser humano preenchido pela sabedoria inata das crianças, usando seu pleno potencial para nos guiar a todos rumo a uma nova visão, quebrar os paradigmas, desmontar a personalidade falsa que todos criamos antes da adolescência a fim de nos proteger. Será que ele tem consciência de seu imenso poder para finalmente criar uma nova frequência, uma frequência na qual todos nós seríamos felizes compartilhando amor, dons e talentos, e matéria?

Acredito firmemente que o sofrimento de Tancrède veio nos mostrar uma verdade. Éramos livres para acreditar ou não. E essa verdade é simples: "Eu amo vocês. Amem-me como eu amo vocês, assim vocês se amarão". Quando nos amamos, a felicidade vem invadir nosso coração e transborda para nossa família, para nossos amigos, até chegar ao círculo dourado do planeta Terra, e quem sabe além...

LEVEZA
Saindo do sexto andar do Hospital Albert Einstein após a reunião mais iluminada de nossas vidas, estávamos leves. Parece pequena essa palavra, leve; no entanto, como é lindo quando estamos leves.

Quando voamos somos leves; quando, de repente, não resta nenhuma preocupação dentro de nós, é a leveza que vem preencher o vazio da tensão. E de repente caminhávamos, atravessando corredores e espaços abertos do hospital; de tão leves, nem sabíamos para onde ir. Olhávamos as árvores, as pessoas – presenças, mais do que corpos –, sem pensar, apenas deixando a alegria preencher o coração.

Assim, nesse estado de leveza, voltei para casa, deixando David com Tancrède, como vínhamos fazendo havia meses. Ao me aproximar do portão, comecei a gritar; a gritar, sim, palavras de vitória e agradecer a todos e todas que nos acompanharam em silêncio, aos entes visíveis ou invisíveis. Agradecia ao ar que preenchia meus pulmões, às nuvens, ao sol, às arvores que me abraçavam, às folhas caindo à minha frente. Eu estava em êxtase, vibrando, unido por dentro e por fora. Tancrède estava curado.

As lágrimas que escorriam por minha face não eram mais de tristeza. Eram de gratidão pela notícia alegre, mas, principalmente, brotavam porque todos nós estávamos tocando a verdade; estávamos trazendo uma prova para o mundo. Somos um, criamos juntos o milagre da cura, nos transformamos; muitos de nós enxergaram finalmente a luz que nos impele à dedicação a outro ser humano. Dessa vez era por Tancrède, mas no fundo mostrava a cada um a possibilidade de abrir seu coração a quem quer que seja. Abrir o coração é morrer por apenas um momento, esquecer tudo do passado e do presente e oferecer o melhor que está dentro de nós para o outro. Quando essa morte surge, o renascimento acontece. Sim, Tancrède é um agente de transformação, e nossa família recebeu o privilégio de trazer a prova para todos que ainda duvidam.

Desde há pouco tempo, a luz está invadindo o planeta Terra. As forças poderosas do ego, da incompreensão e da cegueira ainda impedem que esse movimento espetacular de evolução do ser humano apareça nas mídias, ou oferecem a ele pouco espaço. Assim, continuamos a acreditar que a violência, o egoísmo e a escuridão são maiores do que o amor. Não é verdade. Tenho certeza de que casos como o de Tancrède acontecem a cada dia em todo o planeta. A humanidade está em transição para chegar a uma frequência nova, a frequência na qual o ser humano finalmente poderá reconhecer seu poder. Para entender seu poder, precisará primeiro aprender a se amar, e para se amar precisará se reconciliar com seu passado. É a única forma de reconhecer sua luz; então, essa luz reconhecida se irradiará, e a troca se tornará inevitável. Apenas a união traz a felicidade e a plenitude para a vida de cada um e de todos; tudo o que fazemos para o outro, fazemos para nós. Todos os nossos pensamentos e as nossas ações geram vibrações que se concentram no coração. Nesse ponto do processo, do nosso coração emanarão ondas que representam a soma de nossos pensamentos e de nossas ações. Elas vão atrair pessoas ou eventos, desafios ou presentes; entramos no círculo do movimento, na frequência da troca, da renovação contínua e da evolução, até uma nova consciência de que somos um, somos tudo.

SUSTO E ÊXTASE
Subi ansioso as escadas da nossa Casa Dourada. Era o nome que tínhamos escolhido para o nosso lar, honrando a energia do amor incondicional e do Criador. Foram anos de reforma para criar um templo preenchido pela luz natural. Não existia um espaço sem a luz do sol, do ar e dos elementos. De vidro, madeira, cor e luz é feita a nossa casa.

Jéssica estava de pé no alto, me esperando; ela já tinha sentido que algo acontecera. Olhei para ela, lágrimas escorrendo, e tentei falar, mas nenhuma palavra saiu da minha boca. Ela entendeu. Gritando de felicidade, me abraçou: éramos uma família. Seis meses antes, nunca tínhamos ouvido falar dessa menina da Bahia que viera estudar em

São Paulo e que acolhemos em nossa casa. Hoje estávamos chorando nos braços um do outro, chorando de alegria, pois nos olhamos, olhos nos olhos, e finalmente consegui dizer: "Meu amor, a medula chegou".

Depois entrei no quarto de Elzear. Não falei nada, mas abracei-o do mais profundo do meu coração. Não sei quanto tempo demorou esse abraço, mas pareceu que ele me entendia; não perguntou nada, apenas me abraçou também, durante um momento interminável. Estávamos bem, de novo o sol podia brilhar através da janela grande, aberta, e de repente um vento forte soprou, derrubando todos os brinquedos da escrivaninha no chão. Tancrède estava lá. Sua essência preenchia cada centímetro quadrado da casa, e eu não tinha saudade; eu sabia.

Naquela noite não dormi, mas foi a primeira em que descansei. Sozinho na minha cama, uma luz gigante surgiu diante de mim. Ela brilhava, e essa visão vinha apenas me confirmar o renascimento do meu filho. Nesse momento, entendi que não era preciso sacrificar ninguém, apenas expor ao mundo uma situação chocante que podia emocionar qualquer coração e transformar qualquer mente. Tancrède sofreu com coragem porque tinha sua própria história a resolver, e nós também, no mais fundo da nossa dor, estávamos consertando nossa falta de fé. Aquela noite foi inesquecível, mas não foi a melhor noite da minha vida, porque já passou e porque sei que milhares de outras noites com Tancrède, Elzear e David se seguirão a ela.

No dia seguinte acordei, encurtei o banho e, de cabelos desordenados, praticamente voei até o hospital. Tinha um encontro marcado com nosso médico, o doutor Nelson, para entender os passos seguintes do tratamento, já que a descoberta da medula era apenas a primeira etapa. Achei que a reunião seria só com ele, mas não: doutor Nelson não queria estar sozinho no momento de anunciar todos os sofrimentos que estavam por vir; assim, cada um dos médicos trouxe seu pacote de más notícias. A preparação de Tancrède para o transplante seria duríssima, e a equipe médica listou tudo o que podia acontecer, incluindo sua morte. Mesmo assim, parecia irreal, e me dei conta de que eu não podia projetar algo sofrido para Tancrède, não ainda – ele estava confiante. Naquele momento, me entreguei. Sem fazer perguntas demais, anotei tudo para passar as informações mais tarde a David, que tinha saído para trabalhar. Ele era corajoso e continuava com suas aulas de ioga e práticas de reiki.

O inferno previsto pelos médicos era real. Antes de receber a nova medula, seria preciso "matar" a medula de Tancrède, o que seria feito com quimioterapia. Soubemos que, após algumas sessões do tratamento, por causa da quantidade de remédios absorvida pelo organismo de nosso filho, os efeitos colaterais se tornariam cada dia mais sofridos. Ele perderia o apetite, disseram os médicos (verdade: Tancrède chegou a pesar apenas 30 quilos; ele, que sempre foi alto para sua idade, ficou tão magro que parecia ser sustentado apenas por seus ossos). Estávamos otimistas, mas preocupados com a perspectiva da inapetência – ele precisava estar forte para receber o tratamento. Tancrède passou a receber transfusões de sangue quase diárias e alimentação líquida.

O preparo para o transplante era pesado. David e eu pensávamos muito na jovem mulher que tinha sido "descoberta" em uma cidade como qualquer outra nos Estados Unidos, a jovem com a medula compatível. Ela seria a nossa nova mãe, aquela que daria de novo vida a nosso filho. O círculo mais uma vez se fechava ao redor de uma matriz só: a energia feminina.

Interrompo minha narrativa da sobrevivência de Tancrède por um instante para falar com as mulheres que folheiam estas páginas. Vocês, geradoras de uma nova energia, a compaixão, a única energia capaz de salvar o mundo. Vocês, que sabem dar a vida, que receberam esse presente; vocês, que instintivamente vibram de amor incondicional por seu bebê ou por qualquer outro bebê, e sabem naturalmente o valor da vida. Tancrède nasceu de uma barriga de alu-

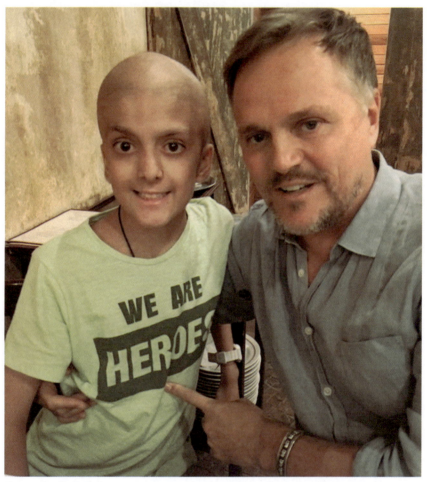

Vencendo o "inferno"

guel, mas não houve aluguel nenhum; houve, simplesmente, a vontade de uma mulher de realizar o sonho de um homem – um homem que precisava expandir seu amor do mais profundo do seu coração para outro ser. E, de novo, o amor de uma mulher de 20 anos vinha socorrer a história suspensa de Tancrède, alimentando o que sobrava de vida nele com a própria energia vital, sagrada, sua seiva óssea e seu amor. Onze anos depois, outra mulher vinha socorrer Tancrède;

desta vez, ela não tinha nome nem o direito de aparecer, apenas oferecia seu sangue, sua medula e sua compaixão. Esperamos poder encontrá-la em um dia não muito distante para agradecer pessoalmente pelo dom da vida que ela nos devolveu. Por meio dela, agradeço e honro todas as mulheres e seu desígnio sagrado.

GRITOS SILENCIOSOS

Enquanto, nos Estados Unidos, eram feitas todas as verificações em torno da nossa doadora – das mais básicas, como, por exemplo, se o endereço estava atualizado, até as mais complexas, como checar se não tinha contraído nenhuma doença que pudesse comprometer o procedimento –, o processo de limpeza celular de Tancrède começou.

Pensávamos, David e eu, que estávamos prontos para o que nos aguardava. Porém, pouco a pouco, vendo a vitalidade de Tancrède se esvair, como um ser perdendo a vida, como um ser que não tinha mais acesso a seus cinco sentidos, descobrimos que nada prepara os pais para tanto sofrimento. Em poucas horas, nosso filho perdeu a voz e começou a gritar, mas ninguém podia ouvir. Apenas David e eu, pela vibração do amor indestrutível que nos unia, podíamos escutar aquele grito tão fraco e tão forte que maltratava nossos ouvidos, mas sobretudo nossos corações. Cada vez que a boca de Tancrède se abria, grande e silenciosamente, nos precipitávamos ao telefone para falar com um dos médicos, ou com todos.

Eu achava que era forte diante da dor, por minha experiência como voluntário em um hospital público em Paris acompanhando pessoas na última fase de sua vida encarnada. Já tinha visto homens morrendo à minha frente, vitimados pela aids, o corpo coberto de chagas causadas pela doença. Tinha visto queimados, acidentados, pessoas reduzidas a um corpo sem vida ao final de um câncer devastador. Então, eu sabia que era forte e que podia aguentar qualquer dor que se colocasse à minha frente. Essa força me inspirava a encontrar a palavra certa, o gesto ou o silêncio certo, a fim de acompanhar aquele que sofria até os últimos momentos. Porém, diante dos gritos silenciosos de Tancrède, eu cedia e tapava com as mãos meus ouvidos sofridos, ainda que a dor latejasse profundamente dentro de mim. A dor de Tancrède era a minha dor, mas meu sofrimento ia além. Descobri nesse momento que eu estava tão fraco porque era insuportável vê-lo naquele estado de tortura.

Ele não conseguia falar porque tinha uma inflamação interna que se estendia da boca até o estômago, incendiando o esôfago – a mucosite, efeito colateral do tratamento. Assim, bem rapidamente, Tancrède não conseguia mais engolir; parou de comer, parou de beber e, pouco a pouco, parou de olhar. Apenas o sofrimento não foi embora. Eu conseguia adivinhar o que ele desejava pelo movimento de sua mão ou por um olhar roubado, que implorava por socorro quando eu não podia fazer nada. Naqueles momentos, se isso fosse possível, teria sacrificado minha vida para que meu filho tivesse uma hora sem dor – e nem teria sido um sacrifício, pelo contrário: dar a minha vida para ele não sofrer teria sido um presente infinito. Mas não é bem assim que funciona.

Hoje sei que a dor dele tinha um sentido, a minha também, e as duas tinham o mesmo propósito: nos enraizar na mais pura verdade de nossa existência no planeta Terra. Nos fazer entender que, mesmo quando estamos vivos, a morte e a vida são a mesma coisa, e a diferença é apenas uma questão de frequência, tanto da matéria quanto da consciência. Assim, descobria com Tancrède que esses dois planos estão conectados: a matéria é a ferramenta para desenvolver nossa consciência, assim como a mente é o meio para criar o que nosso coração transmite; mente e coração têm o mesmo poder, mas precisam um do outro para criar. Dessa forma, eu tinha que administrar minha mente e meus pensamentos, não para entender, porque eu não estava em um estado para compreender o que quer que fosse, mas para me tornar íntegro e me unir internamente com meu filho. Ser um. A dor dele era a minha, o corpo dele era o meu e a vida dele também. Deitado ao lado dele, não podia sequer encostar minha cabeça na dele para não contaminá-lo com possíveis bactérias. Sussurrava às costas dele: "Como eu te amo". Contava para ele sobre seu nascimento para que se lembrasse de que eu sempre estivera lá para protegê-lo de qualquer perigo, bem como agora, ou talvez apenas dissesse isso para ele me proteger... Era confuso. Não sabia quem protegia a quem porque eu sofria tanto quanto ele. Me lembro que certo dia supliquei para a Consciência Maior: "Por favor, me deixe dar minha vida por ele".

Uma noite, na madrugada, dormindo sem dormir, me lembrei de repente de uma visão que se apresentara a mim seis anos antes. Eu tinha nos braços um bebê morto, enrolado em gaze. David e eu estávamos grávidos de Elzear, nosso segundo filho. Naquela época eu recebia muitas visões, e cada uma me trazia uma mensagem, para alguém ou para minha própria missão. Quando a imagem apareceu, o medo veio junto, e pensei imediatamente: é Elzear. Então, uma voz ressoou nos meus ouvidos. Era forte; não dava para duvidar de que era a voz da Verdade, de uma consciência infinitamente expandida, e ela falou: "Você está pronto a sacrificar tudo para me seguir?" Entrei em um estado de pânico, porém eu sabia que tinha escolha. Eu já amava Elzear, como amei Tancrède mesmo antes de ele nascer. Elzear já era meu filho, estava vivo e integrado à nossa família, apesar de sua concepção recente.

Eu tinha recém-iniciado uma caminhada intensa na compreensão da humanidade e do sentido da vida. A cada dia vivia experiências espirituais muito intensas e começava a enxergar as histórias das pessoas ao meu redor, o passado e às vezes o futuro delas em imagens que desfilavam dentro da minha cabeça antes que eu conversasse com elas. À noite, integrava outra frequência, saindo do meu corpo humano para viajar em um corpo de luz. Deus tinha conversado comigo em setembro de 2009, quando apareceu diante de mim sob uma luz incandescente e me colocou em um estado de êxtase, de amor. Minha fé era inquestionável porque todo dia eu vivia eventos mais fortes que os do dia anterior. E a resposta que saiu da minha mente depois da pergunta bíblica foi, não sem grande hesitação: "É você que decide".

Eu sabia que, pronunciando aquelas palavras, entregaria a vida do meu filho a essa consciência maior e entraria em um terreno desconhecido, onde nada é definido ou previsível. No entanto, uma parte de mim confiava tanto que eu não poderia responder de outra maneira. A partir daí, uma nova imagem surgiu; reconheci Abraão, o patriarca da Bíblia, pronto a oferecer seu filho em sacrifício, e me lembrei da história. Nesse momento, percebi pelo sopro do vento nos meus ouvidos um sorriso, e esse sorriso era a resposta. Apenas queria dizer: "Você imagina que eu poderia lhe pedir para sacrificar seu filho por mim?!"

Na noite em que novamente evoquei aquela visão, estava no Hospital Albert Einstein ao lado de meu filho. Olhei para Tancrède, deitado meio consciente na sua cama, dormindo sem dormir, vivendo sem viver, e entendi que, seis anos antes, não era sobre Elzear a mensagem que havia recebido de Deus. Ele me questionava: estaria eu suficientemente forte para aceitar essa realidade e transformá-la para o bem da humanidade? Seis anos antes, o universo havia me pedido que fizesse uma escolha e, pela minha entrega, eu a tinha feito. Assim, entendi o sofrimento de Tancrède e o meu. Assim, soube que algo misterioso estava acontecendo por meio do sacrifício, mas que não era em vão. Esses pensamentos não curavam minha dor, mas pelo menos me afastavam de ideias fúnebres, tais como desejar minha morte para não sofrer mais ao assistir à agonia do meu filho.

Temos livre escolha aqui na Terra; a única vontade de Deus é que sejamos felizes, porque quando estamos felizes Deus se expande. Ele nos oferece desafios para que possamos nos transformar e evoluir, e presentes para que possamos expandir nossa consciência e nosso amor. Mas Ele não pode nos ajudar se nós não escolhermos; porém, como expressar essa livre escolha a Deus? Dando um passo à frente. É a única forma de provar a Deus nossa decisão. Nossa mente é muito esperta, mas nem sempre inteligente; ela pode nos enganar e nem sempre expressa a nossa verdadeira vontade. É apenas pelos atos que essa vontade transparece, e Deus precisa olhar para nossos atos a fim de entender o que queremos, de verdade. É nesse momento que a Graça acontece e que o Criador responde ao nosso pedido e vem facilitar o caminho oferecendo-nos oportunidades para seguir em frente. É assim que cocriamos.

Naquele momento, porém, no hospital com Tancrède, a Graça parecia distante. Logo ele começou a cuspir saliva sem parar porque não conseguia engolir, e tivemos que ajudá-lo com um aspirador bucal. Dores intestinais atrozes faziam com que se contorcesse feito uma minhoca. Ver as unhas dele escurecer era muito impressionante, bem como a pele, que também se tornou escura e começou a descamar. Era como se Tancrède precisasse expurgar elementos de seu corpo de que não precisava mais: antigas unhas, antiga pele, antigos sofrimentos. Ele não parecia surpreso por essa mutação, mas eu sim; até onde a decomposição do seu ser encarnado chegaria? Ainda era um mistério. Mas eu não tinha o direito de mostrar nada, de expressar nada – apenas deixava emanar um sentimento de tristeza. Tancrède precisava me ver forte para ser forte. Assim, eu me esforçava para suportar da melhor maneira possível essas visões de horror ou os gritos do inferno da dor. Por momentos, virava o rosto para que ele não pudesse ver minhas lágrimas.

Estivesse eu em casa ou no hospital, houve muitas noites em que não consegui dormir, muitas; durante o dia também não achava o sono, porque era inconcebível que eu dormisse enquanto ele sofria. Meu cansaço se tornava a cada dia mais intenso, acompanhando a devastação de Tancrède. Parecia que cada fragmento do corpo dele, dos ossos à pele, dos pés ao crânio, dos intestinos até o esôfago, desencarnava de um corpo ainda feito de matéria. Será que um pai pode aguentar isso? Eu não me achava capaz de aguentar. No entanto, aguentei porque sei, hoje, que nada do que precisamos superar é insuperável.

À medida que escrevo, agora, me sinto tão sensível e tão poderoso ao mesmo tempo. Será que a sensibilidade é força, e força é sensibilidade? Descobri que sim. Descobri que cada ser humano tem dentro dele sentimentos e particularidades totalmente opostas. Sou um ser extremamente corajoso. Consigo reconhecer isso hoje com humildade porque também reconheço que sou muito medroso e, no final, é meu medo que me dá coragem. É a sensação de fragilidade imensa que cria o impulso de sobreviver, saindo do fundo do buraco para outra frequência. Acredito que essa frequência é a frequência do poder de Deus, o momento em que somos empurrados até o extremo das nossas possibilidades e precisamos escolher entre transcender ou morrer. Usando a nossa sombra para criar a luz. Ou abdicando, negando a nossa divindade: o ser humano tem todos os poderes, pode criar e transformar tudo, até o sofrimento, até transmutar um corpo destruído pela doença em um renascimento.

Será que a vida não é morte e renascimento, o tempo todo? Será que nós, homens, não precisamos constantemente renovar nossa visão e recriar nosso potencial? Foi o que fiz, acompanhando Tancrède nessa viagem terrível e redentora pelas entranhas do seu próprio corpo. Sofrendo quando ele sofria, chorando e gritando quando ele chorava e gritava, me mirando no silêncio quando nenhum som saía da boca dele. Assim me tornei Tancrède, e foi apenas dessa maneira que pude estar ao lado dele com amor e lucidez, porque senti tudo através do meu amor e da união perfeita com ele. Entendo hoje porque pratico essa consciência a cada dia no meu consultório, com as pessoas que vêm me pedir ajuda: eu me coloco inteiramente no lugar delas. O propósito do ser humano é se tornar um no outro, o que permitirá a união perfeita, recriando Deus no planeta Terra. A única forma de fazer evoluir a humanidade passa pela cura, e a cura passa pela união de corpos, de mentes e de corações.

E, assim, um dia ele estava pronto para o transplante. Sua medula doente tinha sido exterminada. Sua fragilidade era imensa. Sua determinação era maior. A data foi decidida: 29 de julho de 2015.

São Paulo, dia do transplante

SOMOS IMORTAIS

O dia D amanheceu, mas, no fundo, não tínhamos nenhuma ideia da forma como o transplante seria realizado; acho, hoje, que talvez não quisesse saber. A única informação que tinha chegado até nós era que acontecia por meio de uma transfusão. Em alguns momentos de preocupação, de angústia, eu tentava me projetar nesse instante crucial, imaginando-nos todos em uma sala de cirurgia, com máscaras e aventais brancos. Os médicos tinham dito que poderíamos assistir. Na minha cabeça, parecia um procedimento muito grande e decisivo. Grande, não foi; decisivo, provavelmente sim. Porém, nada se passou da maneira como eu tinha imaginado.

Na noite do dia D, foi David quem dormiu no hospital, e eu, sozinho no meu quarto, tive saudades dele. Minha cama parecia gigante e me sentia perdido nela. Quando apaguei todas as luzes, tentando adormecer, um precipício sem fundo abriu-se sob mim, atraindo-se de maneira tal que quase não conseguia resistir. Era o precipício do medo, do desconhecido, sem porta, sem saída, sem um raio de luz sequer. Estava embaixo de mim, mas eu sabia que podia escolher acender a luz de novo, para que a esperança voltasse a preencher minha essência e meu corpo inteiro. Estendi a mão para o criado-mudo e tentei apertar o interruptor da lâmpada. Tive dificuldade. Minha mão estava tremendo.

Eu estava morrendo de medo.

Na minha cabeça, ouvia as vozes dos médicos me alertando de que Tancrède podia não sobreviver. Se ele morresse de fato, seria durante ou após o transplante? Não me lembrei bem se podia ser durante, e essa questão se tornou muito importante naquele momento. Será que em algumas horas meu filho podia ir embora assim, diante de nossos olhos? Sumir apenas fechando os olhos? Não me lembrava, não me lembrava... Quis ligar para David e perguntar, mas pensei que o toque do telefone acordaria Tancrède, e ele precisava de descanso antes do processo, antes de receber sua nova medula. Naquela noite eu mal dormi, e confesso que nem tinha vontade de usar as ferramentas que ensinava a todos que me procuravam em busca de alívio para seus sofrimentos. Uma raiva estava dentro de mim. Eu não sabia se essa raiva fazia de mim uma vítima ou um rebelde. O dia seguinte podia ser o dia da crucificação do meu filho.

Finalmente, na madrugada, fechei os olhos e consegui cochilar por um tempo breve. Ao acordar, o sol brilhava. Parecia que era meu coração que estava brilhando de novo. "Deus, Criador, Sol Radiante, qualquer que seja seu nome, te agradeço por esse brilho que está vindo me preencher. Sinto suas radiações dentro de mim, sinto a graça do seu amor trazendo-me confiança. Você está brilhando para mim. E hoje eu decidi brilhar para o meu filho."

Assim, o sol me tirou do sono e também do precipício profundo de onde eu não conseguira fugir algumas horas antes. O sorriso apareceu por dentro, mesmo que eu ainda estivesse paralisado por fora. Tinha a sensação de não viver esse momento de verdade, como se precisasse acordar de um sonho ou atuasse em uma peça de teatro. As poucas palavras que pronunciei nesse dia vieram automáticas, apenas porque precisava falar algo e porque não podia deixar o silêncio acabar com nossa esperança. Tive dificuldade para me alimentar e me precipitei ao hospital para ver como Tancrède estava. Achei-o melhor. Verdade que não comia nada havia duas semanas e seus olhos estavam vermelhos de sangue. O corpo emagrecido deitado na cama era ainda uma imagem assustadora. No entanto, seus olhos conseguiam fixar os meus, diferentemente das semanas anteriores, quando tinha o olhar vazio. Na profundidade da sua íris, encontrei a verdade dele e a minha, ao mesmo tempo. Somos imortais – e você sabe, Tancrède.

David circulava no quarto como se nada estivesse para acontecer, leve, alegre, como uma criança inconsciente do perigo que se aproxima. Decidi seguir o exemplo dele e falar de qualquer coisa, exceto da doença. Mas a impressão era que o tempo não passava: os segundos pareciam minutos e os minutos pareciam horas. Duas jornalistas de televisão nos contataram várias vezes, e eu respondia como um autômato. Recusei a presença delas durante o transplante, mas aceitei todo o resto. Eu queria que o mundo soubesse o que estava para acontecer porque, de alguma forma, meu coração estava tranquilo: ele já tinha me dado a resposta. A mensagem do meu coração era: "Tancrède está salvo, mas esteja atento. Continue a transformação dentro de você e para todos os que estão ao redor da sua família, da sua cidade. Mais: mostre para o mundo que o amor resolve tudo. Agora você é o mensageiro. Seu filho vai sobreviver para que o mundo sobreviva. O mundo precisa dele, como ele precisa de vocês".

O momento chegou. Havia uma efervescência intensa no corredor do andar. Todos estavam avisados da vinda das câmeras, mas aguardavam sobretudo o médico que traria consigo a energia vital dessa menina de 20 anos, a tão esperada medula 10/10, que tinha chegado na véspera, de avião, dos Estados Unidos. Eu esperava ansioso a chegada de Andrea, uma médica encantadora, otimista, que tanto nos apoiou. Quando a vi, meu entusiasmo redobrou. E era recíproco: um sorriso gigante apareceu no seu rosto. Ela sempre tinha sido carinhosa conosco. Uma vez, tinha sussurrado no meu ouvido: "Eu sou budista". A mim, não importava a religião, e sim o que isso representava para ela; com essa frase breve, Andrea apenas quis dizer que estávamos juntos. Às vezes, trancado em uma sala com 12 médicos, eu precisava, sozinho e desesperadamente, convencê-los a continuar as pesquisas, convencê-los de que a vida de Tancrède era mais importante do que tudo. Quando não via nenhuma reação no rosto deles, o olhar terno e esperançoso da Andrea e o de outra médica, a doutora Maria Lúcia, se tornavam meus melhores aliados.

Andrea era coordenadora das pesquisas e, por sua posição, respondeu a várias perguntas dos jornalistas em frente às câmeras. Também estavam presentes naquele dia três mães da escola de Tancrède, Sharon, Tata e Bibe, que tinham feito um trabalho incansável para motivar as pessoas a se cadastrar para a doação de medula. Elas lutaram, divulgaram, organizaram, pediram ajuda a todos e todas para Tancrède. Eram as nossas Panteras, e insistiram em ficar ao nosso lado nesse dia, como um presente. Ainda hoje procuro lhes agradecer sempre que as encontro, mas sei que nunca será suficiente.

Até que, a certa altura, no quarto do hospital, estávamos apenas Tancrède, David e eu, Maria Eugênia e, claro, a equipe médica. Fez-se um silêncio absoluto no momento em que, finalmente, o corpo de meu filho foi conectado à bolsa sagrada. Eu olhava a bolsa, pensando: "Esse saquinho representa a vida do meu filho". Ele podia cair ou estourar a qualquer momento, como objeto frágil que era, mas, para mim, representava o sagrado. A dádiva que aquela jovem mulher de 20 anos tinha oferecido a Tancrède, seu amor verdadeiro, que nada exige, que nada cobra, ofertado sem que nenhum dos dois se conhecesse. O presente dessa mulher era anônimo. Eu já tinha recebido um presente anônimo de outra mulher, 11 anos antes, e de novo acontecia – para um menino que nem tem mãe. Tudo isso vinha me lembrar de quanto as mulheres são capazes de criar a vida e transmitir o amor.

O silêncio se aprofundou. O transplante estava em curso. Olhos fechados, David estava enviando energia vital da Consciência maior através do reiki. Também de olhos fechados, apertei as mãos de Tancrède, visualizando todos os órgãos do seu corpo. Meu terceiro olho percorria suas veias para limpar com meu amor as feridas do passado e abrir espaço para que aquele novo líquido vermelho, denso, saudável e pleno de vida invadisse cada célula de seu corpo. Deitei junto a Tancrède, meu peito tocando as costas dele, acolhendo-o. Eu estava dentro dele, e por fora eu abençoava meu filho porque sou filho do universo e o poder do meu amor é infinito. Assim, levei para ele, naquele momento, a energia da luz infinita. Abençoo Tancrède como pai, como irmão e como filho – porque somos um.

O transplante demorou duas horas. Eu sentia o sangue de Tancrède correr em suas veias e, assim, sabia que ele continuava a viver. Naquele intervalo de tempo, simplesmente deixei de pensar: apenas irradiava amor por meu filho e pedia à humanidade toda para estar conosco. Quando os médicos desconectaram a bolsa do cateter de Tancrède, ele abriu os olhos. Tinha dormido aquele tempo todo, preenchido pela energia de seus dois pais, dos médicos e de todos que nos tinham acompanhado naquela caminhada que tivera momentos de desespero, esperança, conquista e, finalmente, desembocara em um milagre acontecendo bem diante de nós.

A tarde tinha sido longa. David trouxera Elzear para uma pequena visita, mas logo os dois voltaram para casa. Aquela noite, eu a passei com Tancrède. Era a ressurreição dele e a minha. Eu sabia que nunca mais o perfume da vida seria igual para mim. O passado estava limpo agora, e o presente me trazia já os sinais de uma nova vida. No quarto silencioso, sozinho com meu menino, eu o observava dormir. Na noite povoada de ruídos indistintos do hospital, nós dois, reunidos enfim, podíamos aproveitar a vida com um novo olhar. Acho que, naquela madrugada, aprendi de verdade a viver o momento presente. Queria imaginar o futuro de Tancrède, vê-lo feliz brincando com seus amigos ou, já grande, cumprindo sua missão, mas não conseguia porque desejava aproveitar cada minuto na sua presença, no agora. Percebi naquele momento, naquele instante, que de nada servia projetar o futuro; era apenas um desgaste que tirava nossa atenção do momento presente. Percebi que a única coisa essencial era esquecer o passado; não imaginar um futuro é apenas VIVER, SER E CRIAR.

Foi naquela noite que me comprometi de verdade a transformar cada momento em um instante essencial, importante; em uma oportunidade de trocar, compartilhar, receber e doar. Uma energia amorosa me invadiu. Eu permanecia em um estado de bem-estar, exausto, mas enfim relaxado. Tinha entendido que a única forma de alcançar a plenitude interior era afastando o passado e o futuro de minha mente. Foi a melhor noite em tantas semanas por dois motivos: eu confiava; e também porque me sentia acompanhado por esse amor que não queria definir, por essa energia que me envolvia inteiro. Sabia que tudo o que tinha feito para salvar meu filho estava certo, porém minha transformação pessoal foi meu ponto de partida. Eu tinha tido a coragem de me olhar de verdade, de enfrentar minha sombra sem vergonha e sem medo, e também de aceitar minha luz. Eu tinha tido a coragem de compartilhar tudo o que meu coração me dizia. A luz que me preencheu naquela noite era o presente do universo que tinha vindo apenas me dizer: "Você superou seu sofrimento, você se olhou como você é, sem julgar, e transformou milhares de pessoas ao seu redor. Você entendeu o círculo do movimento, agora sabe como funciona e agora sabe também que nunca mais poderá viver sem transmitir os segredos da felicidade, da abundância e da plenitude".

Acordei no dia seguinte colocando os pés no chão, alegre, abraçando Tancrède como se fosse um novo ser. Olhando-o, íris na íris, enxerguei o novo filho que tinha chegado à minha vida.

Amor é a forma

O que veio perturbar a vida aparentemente tão equilibrada que tínhamos, vida esta que havia chegado a um ponto de bem-aventurança no qual nos sentíamos em harmonia com nosso propósito de vida e unidos por dentro e por fora com todo os seres humanos?

Não sabíamos, mas ainda estávamos distantes da plenitude que a doença de Tancrède veio nos trazer. Faltava RESPIRAR E OUVIR. Porque, se não respirarmos profundamente, não ouviremos nada.

A vida nunca acaba se escutamos nosso coração. A vida nunca acaba se escutamos tudo o que acontece fora de nós. Nosso propósito aqui na Terra é nos transformarmos. O propósito da doença de Tancrède, para nós, para mim especialmente, foi trazer à superfície a força que mora no mais profundo de mim. Foi transformar a minha tristeza, o meu sofrimento, em luz. Derrotar a vítima que eu pensava ser. Consegui me ver de verdade, enxergar quem eu era. Quando vi, primeiro me entristeci, porque me dei conta de minha fraqueza, de meu egocentrismo. Percebi que ainda tinha muito trabalho interior a realizar se quisesse, de fato, chegar à plenitude. Tancrède, com sua doença, me trouxe essa plenitude; por meio dele e dela, entendi o meu poder e o poder de todos os seres humanos. Entendi que, abraçando a nossa verdade, tendo a coragem de ver realmente quem somos, com nossa sombra, nossas atitudes sem justificativa e também com nossa luz, podemos evoluir, ajudar tantas pessoas, expandir nossa felicidade.

Graças a Tancrède, conheci intimamente a minha luz e a minha sombra. Tive que ser muito valente para enxergar essa fragilidade e tentar comunicá-la com toda a minha humildade. Havia um preço a pagar: desvendar toda a minha intimidade e a de minha família sem ter medo dos julgamentos. Só o que contava era a cura de Tancrède, e a única forma de conseguir isso era por meio da minha transformação pessoal e do testemunho de que é possível. De que, mesmo no pior momento da nossa vida, quando pensamos que tudo acabou, que não existe mais esperança, é possível transformar. E que, por meio da nossa transformação, podemos persuadir a humanidade a juntar-se a nós, apenas pelo testemunho, sem querer ensinar nada nem se sentir superior. Sem pensar: "Eu consigo e tenho a receita", porque não é assim que funciona. O milagre se deu simplesmente quando me expus com a minha sombra e a minha luz, dizendo: "Precisamos de vocês". Ofereci o meu passado de homem arrogante e egoísta, que só pensava na própria dor e no próprio sofrimento, expondo-me profunda e integralmente. Ofereci também, claro, meu testemunho de que a transformação pessoal é possível. E, se é possível para mim, afirmo a quem quiser ouvir que todo mundo tem esse poder! Assim, facilitei palestras, escrevi, divulguei, em meio à doença de Tancrède, minha missão e meu processo de evolução e expansão.

De onde veio essa sabedoria, essa determinação, essa intuição que me conduziu a agir da maneira que se revelou a única possível para salvar meu filho? Do coração. Do amor. O coração é o conteúdo, e o amor é a forma. O coração traz a sabedoria do universo, e o amor é o meio pelo qual podemos praticar seus ensinamentos. Quando um filho está em perigo, somos impelidos a fazer tudo, a ir além da nossa vida em nome do amor, desse amor que me obrigou a secar minhas lágrimas, atirar-me ao mundo e fazer algo. O coração é o órgão que injeta toda a energia vital em nosso corpo, acorda todas as nossas células; é, ele próprio, uma inteligência. Quando temos a coragem de ouvir a voz límpida e pura do nosso verdadeiro coração, ela chega para nos guiar. Mas, para isso, é preciso acreditar que nossos corações unidos têm o poder de salvar a humanidade.

Durante a doença de Tancrède, contemplando a fragilidade do corpo e tendo a morte à frente, o ego e a ambição despareceram, e meu único compromisso era com a vida. Não apenas a vida do meu filho, mas a vida de todos, porque a salvação do meu filho estava conectada com a salvação de todos. Não havia outro caminho; entendi que o coração de cada um de nós está conectado com o coração do outro, e que todos esses corações juntos criam Deus, são Deus. Juntos, nossos corações têm um poder, uma força maior que pode salvar qualquer ser humano em desespero. Foi no mais profundo desespero que encontrei o caminho para essa força. Consegui perguntar a ele, nos piores momentos: "E agora, o que faço?" E as oportunidades sempre chegaram. Por meio da matéria, da convivência com os outros ou apenas magicamente. Para eu entender o caminho a seguir. Assim entendi, pouco a pouco, que a doença do meu filho era a minha cura, o impulso para que eu exercitasse o meu talento e a minha missão.

Quando comecei a sentir assim, veio à minha mente este raciocínio: "Estou de novo pensando em mim, e não no meu filho". Mas não! O fato é que meu filho trouxe uma mensagem por meio de seu sofrimento; sua doença tem um sentido maior e eu sou um mensageiro, sou aquele que vai mostrar isso para a humanidade porque tenho esse talento, gosto de ser visto e ouvido. A missão de curar Tancrède não estava dissociada da missão da minha vida. Já fazia anos que eu vinha trilhando o caminho de servir; tinha pedido tantas vezes, dia e noite: "Quero servir", e eis que tinha chegado a maior oportunidade da minha vida. Meu coração me disse: "Vá, não se importe com os julgamentos, com o que as pessoas pensarem de você, apenas vá e faça". Porque esta é a chave: a doença de Tancrède e sua salvação não estão separadas da doença e da cura dos seres humanos. Somos mensageiros, ele e eu, e todos podemos ser mensageiros se tal é a nossa missão, nosso dom ou talento.

Minha ambição, hoje, é ser feliz. É continuar essa missão. Graças a meu filho, entendi que a transformação era o único caminho para evoluir, unir-me com o outro, único caminho que dá sentido à nossa presença aqui neste planeta. Tancrède abriu a porta para eu praticar meu dom em uma escala maior, abriu a porta das redes sociais, das mídias. Muitas pessoas ficaram conosco e seguem compartilhando nossas mensagens. Hoje, para mim, tornou-se impossível viver apenas minha pequena vida porque vivi, experimentei a união perfeita com todos; escolhi essa união perfeita para participar na salvação do meu filho. Hoje sei que é uma ferramenta de utilidades infinitas; não vou mais viver sem ela.

Sei também que não posso usar esse dom que tenho, esse talento, se não estiver unido com todos. Um trabalho de cada dia, de cada momento, observando e olhando-me por dentro, tentando perceber se ajo e falo com o meu coração ou com a minha mente; se estou implorando o tempo todo por reconhecimento ou se simplesmente quero estar no momento presente, unido comigo e com todos; se estou pedindo ajuda para mim mesmo ou apoiando alguém. Não importa: dar e receber são a mesma coisa, são ações que exigem de nós a mesma humildade. É o que tentamos fazer, minha família e eu, durante vários meses.

Percebi que tudo o que aconteceu comigo na relação com David, com meus filhos, ou com todos que nos apoiaram de qualquer forma, era uma oportunidade de fazer algo pelo próximo e de participar de uma frequência de amor, de generosidade, de poder. Todos nós temos esse poder. Não me sinto melhor nem mais evoluído do que ninguém. Mas procuro, experimento, tenho coragem, muita coragem, porque entendi como funciona, e não há outra ferramenta.

Foi assim que Tancrède fez nascer dentro de mim uma nova sabedoria. Não é minha, não, é a sabedoria do coração, da humanidade, do universo. Essa força maior vem nos guiar e nos ajudar a trabalhar para a nossa felicidade se realmente quisermos, se estivermos focados no propósito de salvar a humanidade. Não sou salvador da humanidade, apenas testemunho. Mas acho que todos nós podemos sê-lo, no nosso cotidiano, sem precisar sofrer tanto quanto sofri nem mergulhar na dor mais profunda. Basta escutar, observar, olhar para o sofrimento de alguém que tenta nos agredir e, em vez de se sentir vítima, entender que somos todos iguais.

No processo de Tancrède, nesse movimento gigante, todos éramos iguais; e, se por um lado é verdade que o objetivo era salvar uma criança, no fundo cada um quis experimentar a doação a alguém. Foi assim que se criaram filas de centenas de pessoas por dia oferecendo-se para doar a medula. Foi assim que brotaram conexões em vários países – sempre por meio do coração.

Respirar e escutar o coração é primordial. Para isso, às vezes é preciso buscar momentos de calma, de silêncio, e ter a humildade de nos vermos como somos, perdoando a nós mesmos em vez de atribuir culpas, entendendo nossa falta de amor, de carinho. Quando entendemos isso, sim, podemos nos perdoar e usar isso para criar e transformar a nós mesmos. Quando entendemos nosso sofrimento, podemos entender o sofrimento do outro, perdoar e parar de julgar, sabendo que o outro sofre mesmo quando nos julga e tenta nos agredir. Cabe a nós entender e perdoar aquele que nos dá um tapa na face, como falou um homem famoso 2 mil anos atrás. Se você oferece a outra face, apenas acolhe o sofrimento do outro; é uma forma de dizer: "Olha, eu não sofro, pode me bater, mas sei quem você é. Sei que você sofre e vou ajudar você. Se dou a outra face, é porque entendo". No primeiro instante, aquela pessoa pode até não compreender o que está se passando, mas vai se perguntar, sim, vai ficar abalada e, quem sabe, criar uma revolução interior.

Talvez aí ela entenda.

A doença de Tancrède foi um tapa na minha face. No entanto, dei a outra face a todos que quiseram me ouvir, dizendo: "Vocês podem me julgar, podem pensar que sou culpado porque quis ter um filho mesmo sendo gay, que talvez eu tenha errado, que estou tentando me promover, aparecer na televisão, podem pensar o que quiserem. Estou aqui oferecendo a outra face, porque isso não importa; o que importa é compartilhar o que tenho aqui para salvar meu filho".

E assim aconteceu, porque no DNA dos seres humanos existe o propósito de transformar, se superar, entender o que está por trás da matéria, de todas as palavras, acontecimentos. Quando, por trás de um criminoso, conseguirmos enxergar a criança que um dia foi abandonada, nosso amor se desenvolverá e começará a irradiar, a tocar as pessoas, e nos tornaremos atores de uma rede gigantesca que interconecta todos os seres humanos.

Deus não é um místico que está lá no alto, adorado por uma multidão que acredita poder resolver tudo apenas orando. Deus está em nós, e por meio de nossas ações podemos criar milagres. Com meus sentimentos, minha coragem e capacidade de superação, consegui um milagre. Mas não estive sozinho nessa caminhada: ela é o fruto do amor de todos nós unidos, porque todos temos esse poder, se estamos prontos para olhar a nossa sombra e a nossa luz. O nosso amor e o nosso sofrimento. Olhar o outro como a si mesmo. É assim que funciona; é o segredo que precisa ser desvendado. O mundo novo que está chegando funcionará dessa maneira.

É místico? De certa forma é, sim, mas na realidade é científico: somos amor, vibramos no amor, e se não for assim nada se desenvolverá dentro de nós. O novo mundo vai operar na frequência do amor. Há um universo que nos une por dentro, mesmo que sejamos tão diferentes por fora, cada qual com um talento e um dom que vem completar o outro. Tantas pessoas, adultos e crianças, já entraram nessa nova frequência! Eu as recebo a cada dia. É assim que é.

Acredito que as religiões podem ser limitantes se você não tiver uma visão mais abrangente da vida. A religião é apenas uma soma de ferramentas. Não acredito que o ser humano esteja aqui para ser castigado, chantageado ou para agir por imposição divina. O ser humano está na Terra para ser feliz e, eventualmente, apropriar-se de uma filosofia que traz ferramentas para chegar à felicidade. Não acredito no mal. O bem e o mal não existem, apenas existem nossas escolhas. Não podemos deixar que nada nos faça acreditar que somos incapazes de amar e de criar nossos milagres.

Gosto imensamente da parábola bíblica do filho pródigo. Um pai entregou a um de seus dois filhos a parte que lhe cabia de sua herança; esse filho então saiu pelo mundo em busca de aventuras. Alguns anos depois, esse filho voltou à casa. Tinha gastado todo o dinheiro sem construir nada. Porém, o pai o acolheu de braços abertos em vez de castigá-lo. Por quê? Se alguém age mal conosco e nós o julgamos, é a nós mesmos que estaremos julgando. E se essa pessoa reconhece seu erro, voltando a unir-se a nós, apenas nos cabe acolhê-la com amor. Constatar os erros do passado sem o peso da culpa e transformar a nós mesmos é o único caminho para criar e evoluir.

A filosofia budista defende que nos mantenhamos fiéis à nossa religião de nascimento e não tentemos nos converter. Prega essa conduta simplesmente porque sabe que não existem regras, mas apenas um equilíbrio entre o seu coração e a sua mente, entre suas escolhas verdadeiras e as mentiras do seu passado, entre a energia masculina e a energia feminina. Se você, de verdade, aceita sem julgar o outro, há de perdoar-se por tudo o que fez. Uma vez perdoado, ganhará potencial para criar em vez de ficar estagnado na culpa e nas crenças do passado. Você, eu, todos nós somos seres de luz, e estamos aqui para brilhar. Que todas as religiões do mundo possam exacerbar o amor e abrir a porta para a liberdade de escolher seu caminho sem julgamentos. A minha é a religião do amor, em que não há definições, regras, em que ninguém me dita o que devo fazer ou não fazer. É a religião do sentir, da união e da transformação. Se precisasse dar um nome a ela, eu a chamaria de religião do Novo Mundo, um mundo onde não existiria mais medo, sofrimento e separação, mas apenas o amor vivo, vibrando entre todos.

Cada um de nós é o mestre da própria vida. Colheremos o que semeamos. Toda ação tem um efeito. Se reconhecemos de verdade quem somos, atrairemos para o nosso redor pessoas que estão na mesma frequência da verdade. Ou pessoas de outras frequências, que apenas vieram nos entregar uma mensagem por meio de um desafio ou de uma surpresa boa, incentivando-nos a transformar nossa sombra. Isso é científico, quântico, e são seus pensamentos e atos que construirão sua existência.

Estamos onde nos colocamos.

Quando deixamos de ver a religião como uma autoridade, e sim como uma oportunidade para escolher, tudo se abre! Perdemos o medo de não corresponder a um padrão de pensamento, de crença: tornamo-nos responsáveis, e não apenas crianças que obedecem por temor do inferno ou do castigo divino. O Deus em que acredito não vai fazer nada por nós se nós não participarmos. Porque fazemos parte desse Deus. Precisamos mostrar que queremos de verdade. Confiemos em Deus e no livre-arbítrio, pois o poder de Deus está dentro de nós, e esse privilégio enorme nos dá um potencial ilimitado.

Não acredito que Jesus fosse um super-homem. Acho que ele era filho de Deus, como todos nós. Temos os mesmos poderes que Jesus, Buda, Maomé, mas eles se superavam, e sua frequência era tão vibrante que se assemelhava ao poder de Deus; assim, criaram uma frequência concentrando as vibrações mais altas do amor, que se espalharam até criar movimentos, filosofias ou religiões.

E é por isso que acredito em milagres. Mas, antes de tudo, se acredito no Criador, também acredito no ser humano, porque não são separados: o amor e a encarnação do amor são um.

240

Epílogo

No dia 26 de fevereiro de 2016, um ano depois do diagnóstico da leucemia e sete meses após o transplante de medula óssea, Tancrède foi anestesiado para fazer um mielograma, exame de rotina da medula óssea. Em 2 de março, fomos convocados para uma reunião com os médicos. Eles queriam nos encontrar porque tinham descoberto 1% de blastos (células cancerígenas) na medula de meu filho; ainda assim, afirmaram que a doença não tinha voltado. Porém, seria necessária uma infusão de sangue da doadora americana para reforçar o sistema de defesa de Tancrède contra a proliferação dos blastos. Nada grave, nos disseram naquele dia; apenas uma precaução.

No dia 4, Tancrède fez um novo mielograma. Três dias depois, o doutor Luís Fernando, com quem estávamos sempre em contato por sua disponibilidade infalível conosco, além da gentileza e do conhecimento científico, nos ligou pela manhã. "A doença voltou, e Tancrède deve ser hospitalizado com urgência. Em uma semana, os blastos na medula subiram de 1% para 20%, é muito rápido. Tancrède precisa de uma quimioterapia substancial AGORA!"

O choque foi pior do que na primeira vez, um ano antes, porque eu não estava preparado. Para mim, como para todos, Tancrède estava curado. Porém, minha única preocupação naquele instante foi a reação de Tancrède quando o avisasse. Eu estava paralisado pelo medo, mas, ao mesmo tempo, não podia esconder dele que retornaria para o hospital naquele mesmo dia ou, no mais tardar, no dia seguinte pela manhã.

Sete de março, véspera da nova internação de Tancrède. Cheguei ao meu consultório, como todos os dias, para tomar o café com minha irmã do coração, Maria Eugênia. Depois, receberia as pessoas que me esperavam para uma sessão de terapia. Caí nos braços de minha amiga e chorei todas as lágrimas que tinha reprimido desde a ligação do doutor Luís Fernando, uma hora antes. Eu não conseguia pensar, apavorado com a ideia de ver o meu filho entrar em um novo ciclo de dor, de solidão, de inferno, e de assistir, mais uma vez, à degeneração do corpo do meu pequeno. Pouco a pouco, o medo enregelante da morte e da separação voltava. Nem precisava me projetar no futuro para sofrer: muito rapidamente caí no mesmo desespero do ano anterior, quando havia recebido a notícia da leucemia; afinal, essa emoção já estava gravada na minha mente. A nova notícia, com seu efeito destruidor, vinha apenas acordar a lembrança emocional da notícia anterior, aniquilando minha capacidade de superar, de transformar e de viver o momento presente.

O ego é ignorante, mas tem uma capacidade extraordinária de gravar todas as nossas emoções para reproduzi-las na primeira oportunidade, independentemente da nossa vontade. Em nossa vida, quando sobrevém algo vibrando na mesma intensidade emocional de um evento já vivido, o ego tem um efeito devastador sobre nosso corpo emocional. Ele recria o mesmo filme da última vez, e as memórias dos momentos difíceis deixam o novo filme pior ainda. As imagens de Tancrède sofrendo desfilavam na minha mente, e o medo da morte não me deixava em paz.

Quando algo assim surge em nossa existência, e todos vivemos isso um dia ou outro, o resultado é também o mesmo para quase todos: perdemos o controle. Nosso corpo emocional e nossa mente tomam conta de nós, enfraquecendo-nos, bloqueando nosso poder de reação, imobilizando nossa capacidade de administrar os próprios pensamentos. Assim nasce o desequilíbrio em nosso corpo: desmaiamos, ficamos tontos ou deixamos as coisas caírem no chão sem querer. Nasce também a confusão em nossa mente: não conseguimos mais raciocinar.

Eu não conseguia usar a razão, pois a lembrança do sofrimento intolerável do meu filho voltava à minha mente com um reflexo que não conseguia controlar. Revivia os pedidos de socorro de Tancrède quando a dor era extrema: "Não aguento mais, não aguento mais!!!" A memória do seu sofrimento era inimaginavelmente presente. Onze anos, tão jovem para encarar tudo isso. Por outro lado, será que existe uma idade em que conseguimos encarar ou anunciar esse tipo de notícia sem dilaceramento interno? Eu, com 53 anos, teria preferido morrer do que dizer de novo a Tancrède: "Você vai voltar para o hospital".

Liguei para David imediatamente, mas não consegui falar com ele. David é um professor de ioga muito dedicado, e mesmo em períodos incertos sempre desliga o celular durante as aulas. Assim, tive de esperar bastante tempo para poder falar com ele.

Nesse meio-tempo, a pessoa que eu deveria atender chegou e fui recebê-la. Em minha experiência de terapeuta, aprendi a ser inteiramente disponível para uma pessoa quando a atendo, colocando-me em seu lugar e focando o meu amor e a minha atenção apenas nela. Meu amor participa imensamente da cura, sendo o canal para a pessoa aceitar outra visão da sua vida, outra interpretação, chave da transformação. Naquele dia, precisei de uma vontade imensurável e de uma força enorme para atender; estava sem energia, incapaz de enxergar qualquer coisa além do meu sofrimento. No entanto, eu tinha praticado, como cada manhã ao acordar, a MEDITAÇÃO DAS ROSAS para me preparar para os atendimentos. Essa prática limpa e reequilibra meus chakras, e eu sabia que podia cumprir milagres. Precisava estar alinhado para realinhar. Sabia que, se superasse minha resistência, se lutasse para não obedecer à minha mente, que não parava de repetir: "Você não está em estado de atender, não se esqueça de que você é um pai desesperado", eu poderia acessar outro pensamento, outra visão. Ou seja, eu poderia atender se quisesse, se decidisse; tinha o poder de fazer essa escolha. E precisava sair do inferno da mente, desse inferno que sugava toda a minha energia havia quase duas horas.

Já fazia anos que tinha aprendido a ouvir meu coração mais do que minha mente. O momento era propício para usar minha habilidade de me deixar guiar pelo coração, que dizia o contrário da minha mente, em vez de passivamente seguir a voz negativa do meu inconsciente. Quando ouço meu coração bater, sempre sei onde está a verdade. Então, soube que precisava atender. Não entendia bem por quê, mas tinha certeza de que conseguiria. Meu coração nunca mentia.

Eu podia criar uma saída em vez de me enxergar como um pai desesperado, a vítima, a criança ferida. Porque já tinha encontrado essa saída no ano passado, e novamente tinha a oportunidade de, além de transformar minha visão, criá-la atendendo duas pessoas, mesmo nesse momento trágico da minha vida. Tinha em mim o poder de superar, de transformar, desde que não escutasse essa voz que não era a minha: a voz do inconsciente. Deixar a minha mente de lado me oferecia a possibilidade de viver o momento presente e tomar a decisão que podia me tirar do sofrimento durante um hiato. Por que tentamos sempre nos olhar de fora, tentando criar uma imagem de nós que não é a nossa, e acabamos por acreditar finalmente nessa imagem? É sempre por causa do passado. De nosso passado e das suas feridas. É esse processo que desmonto em meu consultório, oferecendo aos meus clientes ferramentas para tirá-los do sofrimento, a fim de que eles mesmos possam criar uma nova realidade para sua vida. Ao tomar a decisão de atender duas pessoas mesmo em um contexto pessoal infinitamente doloroso, eu apenas aplicava a mim mesmo o que comunico e ensino todos os dias para as pessoas que vêm me procurar a fim de resolver seus problemas ou dar um sentido a suas vidas.

Foi assim que atendi uma mulher para uma sessão de leitura de aura e, em seguida, outra para uma terapia quântica. No fim da manhã, quando almocei com Maria Eugênia, eu era outra pessoa. Sofria, sim, mas administrava a minha dor, superava e resistia à minha mente. Tinha dedicado a manhã inteira a servir duas pessoas por meio de sessões de terapia e percebi, pelo olhar da minha amiga querida, que eu estava diferente: não me sentia mais desesperado! Maria Eugênia sempre foi um espelho para mim, e em seu olhar muitas vezes me percebia e entendia melhor quem eu era; às vezes nem precisava de palavras, os olhos diziam tudo. Amo acreditar que acontece da mesma forma para ela.

Servindo ao outro, eu tinha cuidado de mim; havia concentrado meus pensamentos em outro lugar, em outras pessoas, afastando toda a negatividade para colocar meu talento de terapeuta a serviço de alguém. É assim que a cura pode acontecer para cada um de nós. É assim que podemos superar os maiores obstáculos da nossa vida, preocupando-nos com o outro, servindo ao outro e criando uma realidade diferente por meio da troca. Nesse dia, unindo-me a duas pessoas, consegui o que nunca teria imaginado: ajudar, quando eu precisava de tanta ajuda.

Tinha criado outra realidade usando o poder da escolha que está dentro de qualquer um de nós. Tinha conseguido enxergar o momento presente de outro ângulo, por meio da vontade, do livre-arbítrio e do poder do pensamento.

Quando dei o nome de Tancrède para o meu filho, sabia que significava "o poder do pensamento", mas nunca teria imaginado que essa era a chave da evolução do ser humano. Temos todos os poderes para criar o que queremos, e hoje, no quarto de hospital onde estou com Tancrède desde a madrugada escrevendo estas linhas, eu, mais do que nunca, quero usar de todo o meu poder, de todo o meu pensamento, para a cura do meu filho, do meu querido, do meu tesouro, e

EU DECIDO SER UM CANAL DE CURA PARA VOCÊ, TANCRÈDE,

MAS PEÇO QUE VOCÊ ACEITE SE CURAR E ESCOLHA VIVER.

David recebeu a notícia com muita tristeza, mas foi mais forte do que eu imaginava. Combinamos que eu ficaria com Tancrède a tarde inteira e que eu mesmo lhe contaria a dolorosa novidade.

Uma vez em casa, pedi para meu filho vir até meu quarto. Sentados um diante do outro, olhos nos olhos como dois adultos, dois seres que assumem quem são, deixei as palavras fatídicas escaparem da minha boca.

Tinha me preparado emocionalmente para falar com Tancrède da forma mais suave possível, tentando eu mesmo me sentir leve. Minha intenção não era falar que a doença tinha voltado, mas que ele deveria voltar para o hospital no dia seguinte. Compartilhei com ele a necessidade de fortalecer seu organismo, muito fraco. Tancrède estava muito magro, e expliquei que isso era perigoso para sua saúde, ainda fragilizada pela leucemia no ano anterior. Mesmo tentando manter uma postura neutra, para minha grande surpresa Tancrède percebeu minha tristeza. Quando menos esperava, ele me olhou direto antes de falar: "Daddy, não se preocupe, estou feliz em voltar para o hospital, vou rever todas as minhas amigas enfermeiras. Está tudo certo!" O tom da sua voz era diferente. Eu não reconhecia essa voz: era como se não fosse dele, mas era bem a voz dele, uma voz que vinha me acalentar com uma doçura e um amor infinito, como se eu fosse a criança que precisasse ser protegida, e no fundo eu era. Naquele momento, enxerguei um adulto, um sábio, e não o menino de 11 anos que era o meu filho. Enxerguei quanto uma criança tinha o poder de transformar qualquer desafio, qualquer tristeza, por meio do amor e da fé.

Não consegui reter as lágrimas, de tão emocionado e aliviado que estava. Tancrède cuidava de mim quando eu queria cuidar dele. Sorrindo, me disse: "Se você continuar a chorar, vou chorar também!" Mas eu chorava de alívio, porque ele aceitava sem se preocupar, enquanto eu não aceitava. Estávamos juntos, nos amávamos e eu sentia nossos corações vibrando além da dor e da preocupação, além do tempo e do espaço. Éramos apenas dois espíritos unidos pelo milagre do amor.

Era o início da tarde, e tínhamos ainda sete horas diante de nós antes que eu pudesse abraçá-lo e colocá-lo para dormir em sua última noite em casa antes da internação. Propus fazer tudo o que ele quisesse, já que no dia seguinte iria para um quarto de hospital e lá ficaria preso por algumas semanas, talvez alguns meses, sem colocar o nariz para fora.

Tancrède ligou para uma loja de acessórios e perguntou se tinham uma memória suplementar para seu computador. Sim, tinham, e fomos comprar. Chegando à loja, o vendedor confessou que demoraria alguns dias para fornecer e instalar a peça, e que, nesse tempo, precisaria ficar com o computador. Fragilizado pelas circunstâncias, fiquei nervoso, alegando que tínhamos ligado antes para confirmar e que no dia seguinte Tancrède seria internado. O vendedor tentou de tudo para resolver, mas eu estava irritado. Deixamos o computador lá e voltamos para casa. (No dia seguinte, ele nos foi entregue devidamente ajustado.)

No volante do carro, minha irritação era quase palpável. Tancrède então falou: "Daddy, não seja estressado, eu posso viver alguns dias sem computador, não é tão grave!"

Era a segunda vez que Tancrède estava me poupando. De novo a emoção me invadiu. Mas agora consegui guardá-la para mim e não afetar o meu filhinho porque, naquele instante, ele não era mais um filhinho: era meu pai, meu protetor.

A etapa seguinte do passeio era em um shopping famoso da cidade. Ansioso por fazer Tancrède feliz nessas últimas horas de liberdade, propus comprar roupas novas, do estilo que ele desejasse, sabendo que nunca pedia mais do que precisava. Ele sabia que era um grande esforço para mim: eu respeitava seu gosto em questão de vestimenta, mas isso não deixava de ser difícil para mim! Porém, eu sabia que era imperativo para o seu desenvolvimento, e também para o meu, que deixasse de ver meu filho como uma projeção de mim. Era a si mesmo que ele precisava representar.

Eu tinha chegado quase ao ponto de não me importar mais com o julgamento dos outros e de não precisar agradar a todo o mundo para me sentir amado. Não mais vestia meu filho para receber cumprimentos. Era um trabalho interior que me trazia uma liberdade cada vez maior e certa plenitude; eu era amado por mim mesmo, não porque agradava ao outro e buscava seu reconhecimento. Porém, eu me mantinha alerta, observando minhas palavras e meus pensamentos continuamente para ter certeza de que refletiam minha verdade, e não meu ego. Não queria mais ser escravo desse ego, de uma mente controlada pela criança ferida, e sabia que somos todos crianças feridas. Não pretendia sair desse lugar poderoso, mesmo que estivesse frágil. Já tinha gastado energia demais correndo atrás do amor. Queria agora ser amado por mim mesmo.

Tancrède provou várias peças, mas não quis comprar nada. Dei uma olhada no setor de roupa masculina adulta, mas logo voltei para perto de meu filho: a tarde era dele. Então Tancrède me disse: "Vamos lá! Quero que você seja feliz!" Ele me ajudou a comprar duas lindas camisas e saímos para tomar um suco em uma lanchonete. Conversamos e, depois de um tempo, confessei que era uma das mais bonitas tardes que passei com ele. Tancrède concordou: estávamos muito unidos, como 11 anos atrás, quando passávamos o tempo todo juntos, tempo em que nos completávamos perfeitamente. Aquela tarde feliz, apesar de tudo, vinha nos lembrar desse período de união perfeita entre nós dois, até a chegada de David, quando tivemos que transformar o nosso duo em trio. Um trio triunfante, mas que deixava menos espaço para essa cumplicidade já instalada desde que Tancrède era pouco mais que um bebê.

Nesse meio-tempo, nossos irmãos da Nova Zelândia tinham acabado de chegar à nossa casa para passar duas semanas conosco. Eram índios aborígenes Maoris, e nós os consideramos como nossa família. Dedicam suas vidas à humanidade, viajando pelo mundo inteiro para propagar suas técnicas de cura ancestrais. Manu, largo e alto, que parece um bebê quando conversa com alguém, tinha se tornado meu mestre, o único que tive. Há vários anos, mesmo quando ele está fisicamente longe, o ensinamento de Manu se encaminha magicamente até mim, da Nova Zelândia para o Brasil, pela via das frequências; as palavras não são necessárias em nossa comunicação. Os Maoris têm como talento comunicar-se por telepatia mesmo de um continente para outro, e isso funcionava também comigo!

Ata, sua prima, sensitiva como ele, sempre descobria as feridas das pessoas ao final de um atendimento, mesmo sem conhecê-las. Então, igualmente como Manu, sempre buscava ajudar a pessoa a entender a causa dos seus bloqueios ou de suas doenças. Dizem que as informações chegam espontaneamente a eles, como ocorre nos meus próprios atendimentos. Sempre acompanhados por outra pessoa da tribo, vêm passar duas semanas todo ano conosco. E a cada vez a magia se opera: iluminam nossa casa com amor e luz e praticam centenas de terapias no nosso Centro de Evolução do Ser, o New Ways. Por magia, os clientes afluem de todo lugar. Somos da mesma frequência, pois também dedicamos nossa vida à humanidade seguindo os sinais do Criador:

eles viajando, eu escrevendo e nós três – David, Maria Eugênia e eu – atendendo, organizando workshop, eventos e retiros.

Ata, Manu e Terence, o filho de Ata, chegaram no dia seguinte àquele em que soubemos do 1% de blastos na medula óssea de Tancrède. Três dias depois ouviram, como nós, a outra notícia: a leucemia tinha voltado. Criaram, então, um altar na grande sala de prática do New Ways, decorado com nossas fotos, velas e flores. Diante do altar, rezavam por Tancrède e por nossa família e praticavam um ritual convocando seus ancestrais e todos nós para rezar ou meditar também.

Durante quase duas semanas, nossos amigos Maoris visitaram Tancrède todos os dias no hospital. Eu me lembrarei sempre do olhar das pessoas quando chegávamos todos juntos ao prédio, especialmente pela curiosidade despertada por Manu, que achava difícil calçar sapatos e não prestava nenhuma atenção à roupa. Parecia que tinha acabado de sair da praia! Em qualquer lugar, nos sentíamos muito orgulhosos deles. Meu mestre é um bebê e o maior sábio encarnado que conheci. Ata é minha irmã e a mulher mais corajosa que encontrei. Ambos são magos que deixam suas famílias e seus filhos durante meses para percorrer o mundo, espalhar amor e cumprir sua missão.

Eles nos explicaram que a vinda deles tinha o propósito de nos acompanhar nesse momento tão intenso da nossa vida e ficar presentes ao lado de Tancrède. Os Maoris são curandeiros, e sua sabedoria passa de geração em geração há milhares de anos, transmitida oralmente para que nenhuma palavra escrita possa ser mal interpretada. Acreditam, como nós, no Criador, na Consciência Maior e Criativa, no poder das vibrações do amor, do sentir, do pensamento, da respiração, na união com todos os seres vivos da humanidade e da natureza.

Quando partiram, o espírito de Tancrède se encaminhava para mudar de ideia. Parecia, agora, que ele queria continuar a viver em seu corpo.

≈

Ainda na véspera da internação de Tancrède, fomos todos jantar em uma das churrascarias do shopping onde já estávamos. Ali estávamos, os nove, reunidos e felizes: os Maoris, Maria Eugênia, Jessica, David, Tancrède, Elzear e eu. Assim foi nosso último dia antes de retomar as idas e vindas, do hospital para casa, de casa para o hospital, mas foi um dia alegre porque estávamos com nossa verdadeira família. Sabíamos o que aconteceria nos dias seguintes com Tancrède, e queríamos aproveitar ao máximo aqueles momentos.

≈

Será que vale a pena contar de novo a dor, os dias de pesadelo pelos quais Tancrède passou? Não, não servirá para nada.

Porém, uma nova relação tinha aparecido na minha vida, uma relação nova entre eu e meu filho. Tinha surgido naquela segunda-feira à tarde, véspera da internação, quando aprendi tanto com ele. Eu começava a descobrir algo diferente em meu filho, algo que não conseguia definir, mas que estava vibrando dentro de mim. Apesar de sempre ter sido muito próximo de Tancrède, acontecia entre nós uma cumplicidade diferente, nova e deliciosa. Não o via mais como uma criança, mas como um ser, e um ser maduro.

Seus ensinamentos me traziam uma nova forma de conversar com ele, um respeito mútuo, um reconhecimento, e eu precisava comunicar isso a ele. Sentia que era importante lhe contar o que acontecia – para sua cura. Alguns dias depois de sua chegada ao hospital, disse a ele tudo o que tinha percebido naquela tarde no shopping: sua reação extraordinária quando me falou para não me preocupar com a nova internação, seu conselho para não me estressar quando o acessório do computador não estava disponível, o momento em que insistiu para eu comprar uma roupa nova. Bebendo as minhas palavras, Tancrède tinha os olhos grandes bem abertos e um sorriso que não parava de crescer; pela primeira vez, eu reconhecia o mestre que ele é com fatos concretos. Com olhos úmidos, falei: "Queria também te dizer... Não sabia que você me amava tanto, talvez porque eu não me amasse tanto a mim mesmo".

Tancrède estava radiante e satisfeito. Eu tinha entendido quem ele era de verdade, e percebi que isso era tudo o que ele queria: que eu reconhecesse sua sabedoria bem além do filho que é para mim. Tancrède tinha crescido muito no ano que passou, e eu ainda não tinha percebido, ou não queria perceber, o ser maduro, o espírito que se escondia atrás da criança. Agora era claro tanto para ele quanto para mim. Assim, estávamos de novo livres para nos amarmos.

A cada dia eu descubro a verdadeira natureza de Tancrède. Muitas pessoas já tinham me falado que ele era diferente, pelo amor que emana de sua personalidade. Mas agora entendo isso, porque a cada dia, mesmo nos momentos de sofrimentos, ele se preocupa com seus amigos, com sua família, com todos que encontra. Em sua compaixão, sofre quando alguém a seu redor sofre. Percebi que essa natureza, esse sofrer pelos outros, gerou uma solidão dentro dele, uma tristeza profunda; isso aconteceu porque, no fundo, o amor incondicional não é adequado à nossa sociedade, baseada no medo, na separação, no consumismo. Então, quem podia entendê-lo de verdade? Hoje entendo Tancrède tão bem que as lembranças da minha infância voltaram, o *bullying* na escola, a rejeição, a solidão. Me lembrei dos dez anos de depressão que vivi entre os 11 e 21 anos de idade. Me lembrei de que me sentia incompreendido por todos. Hoje, se existe uma pessoa para entendê-lo de verdade, sou eu.

Venho refletindo intensamente sobre as causas emocionais da doença de meu filho. Acabei por entender as três razões principais, que tinham raiz na rejeição: o nascimento prematuro, a vinda de Elzear, seu irmão, e, finalmente, o *bullying*. Dois desses três pontos estavam curados agora, mas faltava tratar o primeiro, sua mãe! Ainda dói para mim escrever a palavra "mãe" porque, para mim, sou a mãe e também um dos dois pais masculinos de Tancrède. Além de mim e de David, nenhuma outra pessoa criou meus filhos. Maravilhosas mulheres estão sempre ao nosso redor trazendo amor, energia feminina e carinho para os nossos filhos e para nós também, mas Tancrède foi criado até os 2 anos e meio de idade por mim, e depois pelo casal que formamos, David e eu. Sempre que perguntei a Tancrède se sentia falta de uma mãe, ele respondia: "Mais ou menos, mas sou tão feliz por ter dois pais". Essa resposta sempre me tranquilizou, porém hoje enxergo claramente que talvez ele não quisesse nos magoar expressando um possível desejo de reencontrar Tricia.

Naqueles dias no hospital, pela primeira vez, contei para ele que poderemos planejar uma viagem aos Estados Unidos, quando estiver curado, para visitar Tricia. Ele respondeu: "Vamos para Nova York!" Continuei a conversa explicando que o propósito era ver Tricia, e perguntei se queria encontrá-la de novo. Pela primeira vez, Tancrède respondeu que sim.

Na última visita dos Maoris ao hospital, durante a oração de Manu em voz alta, no idioma de sua tribo, uma mensagem chegou de repente ao meu coração no momento em que eu pedia ajuda para o Criador. "Se você quer ajudar Tancrède, deve libertá-lo, e para isso precisa respeitar as escolhas dele. É a única forma de ajudá-lo."

Entendi perfeitamente que Deus me falava das escolhas do Eu

Superior, do espírito de Tancrède. Era claro que a voz me pedia para enxergar Tancrède como Alma, como Espírito, além de amá-lo como meu filho. Eu entendia, apavorado, que Deus me pedia para aceitar as decisões de Tancrède, mesmo que ele escolhesse morrer. Mas compreendia também que, ao aceitar a possível morte do meu filho, podia fazê-lo renascer e viver.

Hoje eu sinto e sei, porque aceitei a escolha do meu pequeno, qualquer que seja. Não quer dizer que poderia sobreviver à sua desaparição; isso não sei. Mas significa simplesmente que a respeito.

Hoje consigo ver Tancrède como Espírito, Alma, Essência, como um Ser inteiro e maduro. Se consigo vê-lo assim, significa que agora ele é capaz de ser livre e de escolher o que quer sem medo de me desagradar. Está pronto para assumir qualquer uma das suas decisões, independentemente de qualquer pessoa.

Isso significa também que ele poderá decidir assumir-se como ser humano, talvez diferente, mas responsável, livre e feliz por estar encarnado ou desencarnado no planeta Terra ou em qualquer outra dimensão.

Respeitando as escolhas do meu filho, eu o liberto de qualquer laço energético para que possa voar da forma que quiser. Devolvo a ele a escolha de viver em um corpo, se é isso o que deseja, ou a escolha de não viver mais dessa forma.

O presente maior que nunca ofereci a Tancrède nem a ninguém é dar a ele hoje uma nova vida sem amarras, quer seja encarnada, quer não, para que o amor possa fluir entre nós sem que seja uma razão para obrigar-se a viver ou obrigar-se a morrer.

Escrevo este epílogo após uma sequência de noites terríveis: sonhos e visões de morte, todos ligados a Tancrède. Acordei várias vezes. Estou aterrorizado. Será que são pressentimentos? O que está acontecendo? Não, é simplesmente uma limpeza da minha nova aceitação em relação a meu filho, em nome do amor.

Eu te amo, Tancrède, como espírito, como ser encarnado, como criança e como mestre. Eu te amo como "TANCRÈDE", meu filho e meu guia. Obrigado.

É meia-noite. A enfermeira do turno passou para distribuir os últimos remédios nas veias de meu filho. Tancrède está no computador, ainda jogando, e estou escrevendo estas últimas palavras.

Uma paz nova me invade. Nunca me senti tão livre sendo pai e filho, filho e pai....

Do outro lado do oceano, meu pai de sangue, aquele que meu deu à luz com minha mãe, está chegando ao fim da sua existência na Terra após vários infartos. Assim, a morte e o renascimento se confundem na minha cabeça, mas aceito porque tenho fé, a verdadeira fé, aquela que não vibra mais na mente, mas vibra no meu coração, e que vibra em Essência no mais profundo do meu SER.

EU TE AMO, TANCRÈDE. EU TE AMO, MEU PAI.

Nota do editor: Este livro foi concluído em abril de 2016, quando Tancrède ainda estava hospitalizado e seu quadro mostrava-se indefinido. Acompanhe Luc Bouveret nas redes sociais.

Posfácio

Nelson Hamerschlak, hematologista e especialista em transplante de medula óssea, responsável pelo procedimento de Tancrède, explica:

"A mielodisplasia é um tipo de câncer da medula óssea. Para entender melhor a doença, o primeiro passo é conhecer a função da medula óssea no nosso organismo. A medula é a fábrica do sangue. Quando ela adoece, a produção do sangue é prejudicada e o paciente passa a apresentar indicadores como queda no número de plaquetas, células importantes na coagulação sanguínea, e anemia persistente. Foi assim com Tancrède. Mas esse nem sempre é um diagnóstico simples, pois várias situações podem provocar o quadro de anemia, alterações nos glóbulos brancos e redução de plaquetas – de uma simples virose a leucemia. E, claro, a leucemia é mais rara; é a exceção.

A mielodisplasia pode evoluir para uma leucemia aguda, que é uma forma mais grave da doença. Dependendo do paciente, a chance de isso acontecer é maior ou menor. No caso de Tancrède, quando ele chegou até nós, a mielodisplasia já estava praticamente se transformando em leucemia aguda. O que separa uma condição da outra são critérios numéricos: a contagem de determinadas células tumorais, os blastos.

O único tratamento curativo, seja para a mielodisplasia, seja para a leucemia aguda que sucede uma mielodisplasia, é o transplante de medula óssea. Não é igual ao transplante de um órgão, quando você, por exemplo, tira o rim de um doador e põe no receptor. A medula é uma espécie de geleia que fica dentro de todos os ossos. Para que um transplante tenha sucesso, primeiro é preciso acabar com a fábrica de sangue do próprio indivíduo, já que ela está funcionando mal. Isso é feito com quimioterapia ou com uma combinação de químio e radioterapia; esse procedimento, bastante agressivo, fragiliza o paciente. No entanto, faz parte do processo do transplante: é preciso limpar a fábrica e destruir as células doentes.

Vencida essa etapa, é hora de reconstruir a fábrica usando, para isso, as células do doador. Instala-se um cateter na veia do paciente, que então recebe essas células saudáveis. Elas têm uma capacidade que os pesquisadores americanos chamaram de "homing" (ir para casa, em inglês): conseguem, de fato, "ir para casa", ou seja, para dentro do osso e, ali, fabricar uma nova medula. Esse é um fenômeno muito bonito. Quando ele é bem-sucedido, dizemos, popularmente, que a medula 'pegou'. Poucos dias depois do transplante, já é possível saber se deu certo por meio de exames que detectam a presença de novas células no sangue.

Isso é motivo de festa, mas ainda não é o ponto final do transplante. Costumamos dizer que o transplante não acaba quando termina. Isso porque, depois que a medula 'pegou', ainda serão necessários vários ajustes no sistema imunológico para combater possíveis infecções e reações da própria medula. Tancrède teve várias complicações e, mesmo após o transplante, ainda ficou alguns meses internado. Isso é comum.

A descoberta de uma medula 10/10 foi extremamente importante para o sucesso do primeiro transplante de Tancrède. Existem vários fatores de compatibilidade entre indivíduos, quer sejam parentes, quer não. Quando comecei a realizar transplantes de medula óssea, há três décadas, buscávamos quatro fatores comuns entre o doador e o receptor. Com o tempo e as novas técnicas, esse número subiu para seis, depois oito e hoje procuramos dez fatores de compatibilidade comuns. Significa que os dez fatores que testamos são iguais no doador e no receptor. A tendência é que isso continue evoluindo, e, sem dúvida, quanto mais compatibilidade, mais seguro e bem-sucedido será o transplante.

Por outro lado, esse refinamento da busca também dificulta o encontro de doadores. No caso de Tancrède, primeiro encontramos uma medula 9/10, ou seja, dos dez fatores testados, nove 'batiam'. Uma medula 9/10 é factível para uso em transplante, mas não é ideal – o melhor, claro, é encontrar uma medula 10/10. O prognóstico, no caso da medula 9/10, é 10% pior, o que significa que as chances de sucesso caem 10%. Tancrède teve a enorme sorte de encontrar uma medula 10/10 em tempo hábil, de uma doadora que, provavelmente, tinha acabado de se inscrever no sistema – sistema esse que, na maior parte das vezes, funciona de maneira adequada. É preciso dizer que há muitas pesquisas em curso sobre a compatibilidade. Já se conhece uma técnica que, quando empregada, melhora o resultado de transplantes entre parentes – mesmo que sejam apenas 50% compatíveis – pelo simples fato de serem consanguíneos. O prognóstico é mais otimista mesmo em relação a uma medula 10/10.

Num tratamento longo e desgastante como o de Tancrède, é importantíssima a relação de confiança entre familiares e médicos. É normal e compreensível a angústia dos pais, de Luc e David, e por isso propusemos reuniões semanais para que eles estivessem sempre cientes dos passos seguintes do tratamento. Luc e David trouxeram amigos, e entre eles destaco Maria Eugênia e Samantha, cuja ajuda foi valiosa, inclusive na busca pela medula 10/10. Passamos por situações difíceis. Porém, mesmo nos momentos mais duros, senti que a família, os amigos e nós, médicos, éramos um time – parceiros em busca do melhor para Tancrède."

Palavras finais

Como reconhecer as pessoas que nos apoiaram e continuam a nos trazer amor e orações para Tancrède e nossa família? Não tenho palavras suficientes para agradecer à minha querida editora Ana Landi, que corajosamente decidiu dedicar sua vida para espalhar a verdade com livros, Sibelle Pedral, minha preciosa colaboradora em língua portuguesa, a todos os anjos do Hospital Albert Einstein de São Paulo e do Hospital Militar de San Diego, às mulheres que cuidam de nós e de nossos filhos fora ou dentro de casa, aos meus clientes de terapia tão carinhosos, a Piracanga (BA), aos Maoris da Nova Zelândia, ao CIEJA da favela Capão Redondo, a Carlos Jereissati e sua esposa, da administradora de shopping centers Iguatemi, a todos fora do Brasil que batalharam com seu coração para incentivar os seres humanos a se cadastrar para doar a medula óssea. Um muito obrigado também a Marina Magalhães, Myriam Ortolan, Alexandra Loras, Isabella Fiorentino e Marcelo Rosenbaum. Obrigado Catherine Hermary Vieille e Anne Merzagora, as carinhosas madrinhas de Tancrède, e aos seres que me trouxeram seu amor sem conta e, em particular, a David, meu marido querido, a Elzear, meu filhinho que amo tanto, e a Maria Eugênia.

Anne Merzagora, a madrinha francesa: apoio durante o ano solitário passado após a volta de San Diego

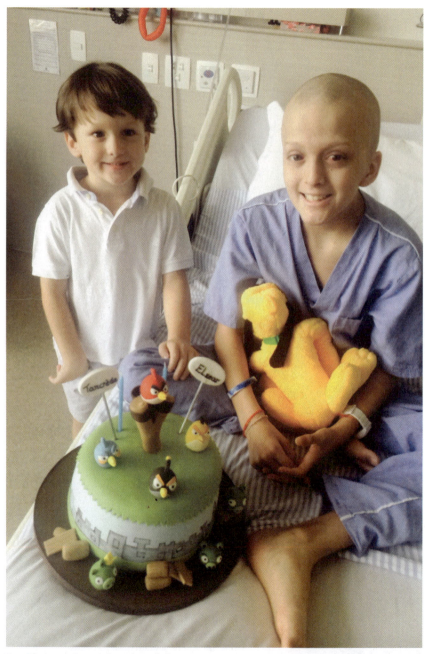

Com Elzear: aniversário no hospital

Vencendo batalhas